KB042928

한국 영화의 공간

영화의 배경이 된 공간을 방문하면
관객들은 마치 본인이
영화 속 주인공이 된 것 같은 느낌을 받는다.

한국 영화의 공간

초 판 1쇄   2020년 05월 20일

지은이 양경미
펴낸이 류종렬

펴낸곳 미다스북스
총괄실장 명상완
책임편집 이다경
책임진행 박새연 김가영 신은서
본문교정 최은혜 강윤희 정은희 정필례

등록 2001년 3월 21일 제2001-000040호
주소 서울시 마포구 양화로 133 서교타워 711호
전화 02) 322-7802~3
팩스 02) 6007-1845
블로그 http://blog.naver.com/midasbooks
전자주소 midasbooks@hanmail.net
페이스북 https://www.facebook.com/midasbooks425

© 양경미, 미다스북스 2020, *Printed in Korea*.

ISBN 978-89-6637-792-3 03680

값 18,000원

그곳에서는 누구나 주인공이 된다

한국 영화의 공간

양경미 글 / 사진

최고의 영화는 어디에서 탄생하는가?

영화평론가 양경미,
한국 최고 영화의 산실을 탐색하다

미다스북스

머리말

영화의 촬영공간은 작품의 내용을 돋보이게 하고 관객들에게 깊은 인상을 남겨준다. 특정 영화를 떠올릴 때면 내러티브와 함께 촬영장소가 생각나는 경우가 많다. 관객들은 영화 속 추억의 공간을 통해 스토리를 기억해낸다.

특히 사랑의 기쁨과 이별의 슬픔을 나타내는 멜로영화에서 공간은 우리의 가슴속에 오랫동안 남아 있다. 그 장소를 통해 젊은 날의 사랑을 추억하기도 하고 가슴 아픈 이별을 아쉬워하기도 한다. 영화의 배경이 된 공간을 방문하면 관객들은 마치 본인이 영화 속 주인공이 된 것 같은 느낌을 받는다. 이러한 점 때문에 영화의 촬영공간과 장소는 또 하나의 문화상품이 되고 있다.

『한국 영화의 공간』은 우리에게 가장 많이 알려진 멜로영화 중에서 관

객들의 기억 속에 오랫동안 남아 있는 장소와 공간들을 소개하고 있다. 특히 해당 공간을 선택한 감독의 의도를 인터뷰를 통해 파악하려고 노력했으며 필자가 직접 영화 속 배경이 된 촬영장소를 찾아가 그 공간을 담았다.

본서는 총 4막으로 구성되었다. 제1막에서는 '운명적 사랑의 공간'을, 제2막에서는 '언약의 장소'를 찾아보았다. 그리고 제3막에서는 '과거를 간직한 도시'를 다루었으며 마지막 제4막에서는 '청춘과 희망의 공간'을 살펴보았다.

이 책에 수록된 글들은 2017년부터 2019년까지 〈문화일보〉 '명작의 공간'에 게재된 글을 보완하고 사진들을 추가한 것으로 '영화감상의 포인트'를 촬영공간에 두어 영화를 좀 더 재미있고 쉽게 읽어내도록 하고자 했다.

『한국 영화의 공간』이 출간되기까지 많은 분들의 도움을 받았다. 먼저 칼럼 연재에 큰 도움을 주신 〈문화일보〉 장재선 선임기자님께 깊은 감사를 드린다. 또한 이현경 평론가, 미다스북스의 류종렬 대표, 명상완 실장, 이다경 편집팀장과 박새연 디자인 팀장님을 비롯해 이 책에 애정과 정성을 다해주신 모든 분들께 크게 고마운 마음을 전한다.

5월의 봄 가운데서

양경미

목 차

제1막

운명적
사랑의
광 장

#01

불쑥 내 우산 속
뛰어 들어온 그녀…
운명적 사랑 빛내준 '마법 같은 길'

번 지 점 프 를   하 다

〈번지점프를 하다〉의 배경 덕수궁 돌담길

불교의 윤회 · 인연 모티브로

멜로영화 붐의 정점 된 작품

사랑의 설렘 표현한 첫 장면

돌담길 배경이라 감흥 커져…

사랑하는 연인들이
즐겨 찾는 장소는 어디일까?

아마 서울에서 가장 인기 있는 곳은 고궁일 것이다. 600년 서울 역사를 상징함과 동시에 한국문화 특유의 맛과 멋을 즐길 수 있기 때문인데 그중에서도 덕수궁 돌담길은 서울에서 가장 예쁘고 산책하기 좋은 곳으로 손꼽히는 장소다.

돌담길을 따라 걷다 보면 정동교회, 미국공사관, 이화여고 등 우리나라 근대 문화유산을 볼 수 있다. 정동길 주변에서는 종종 문화행사가 진행되기도 한다. 팍팍한 도심 속에서 근대사의 자취를 느끼는 재미와 볼거리가 쏠쏠하다.

그러나 덕수궁은 아름다운 겉모습과는 달리 구한말의 아픈 역사가 묻어 있다. 구한말 고종은 나라를 빼앗기고 적의 칼에 왕비(명성황후)의 목숨마저 내어준다. 이곳에 오면 통탄의 삶을 살아야만 했던 조선의 마지막 황제, 고종의 흔적을 찾을 수 있다.

덕수궁 돌담길

　덕수궁길은 이러한 역사적 사건의 장소이기도 하지만 영화나 드라마에
서도 자주 등장하는 곳이다. 2001년에 제작된 영화 〈번지점프를 하다〉 또
한 덕수궁길을 배경으로 하고 있다. 주연을 맡았던 이은주와 이병헌은 극
중 운명적인 만남을 덕수궁 돌담길에서 가졌다. 비록 이은주는 아깝게도
스물다섯 나이에 스스로 생을 마감했지만 다양한 장르에서 두각을 나타냈

던 배우였다.

영화 〈번지점프를 하다〉는 운명적인 사랑에 빠진 한 남자가 시간이 흘러 환생의 인연이 돼 지나간 연인을 다시 만나는 과정을 그린다. 세상을 떠난 첫사랑의 여인이 17년 뒤 남학생 제자로 다시 태어난다는 설정은 불교 세계관인 '윤회(輪迴)와 인연(因緣)'을 모티브로 한 것이다.

이 영화는 멜로와 판타지를 결합한 퓨전 장르로 1990년대 후반부터 2000년대 초반까지 이어진 한국영화 멜로 붐의 정점을 찍은 작품으로 평가되고 있다.

1983년, 국문학과 82학번 인우(이병헌)는 비 오는 날 우연히 태희(이은주)와 마주친다. 잠깐 우산만 같이 쓴 사이지만 인우는 태희를 잊지 못하고 긴 기다림 끝에 다시 만난다. 이후 두 사람은 풋풋한 연애를 하며 사랑을 키워간다. 인우의 입대를 앞두고 용산역에서 만나기로 약속하는데 태희는 끝내 나타나지 않는다.

시간이 지나 2000년. 국어교사가 된 인우는 자신이 담임을 맡고 있는 현빈(여현수)을 보고 죽은 태희가 돌아왔다고 믿는다. 동성애라는 오해와 비난 속에서 마침내 현빈은 자신의 전생을 깨닫게 된다. 그리고 그들은 뉴질랜드로 떠나 그곳에서 다음 생에 만날 것을 약속하며 번지점프 하는 곳에서 뛰어내린다.

영화 〈번지점프를 하다〉의 첫 장면. 극 중 태희가 인우의 우산 속으로 들어온 장면으로 첫사랑의 설렘을 잘 표현하고 있다. (자료제공 : 눈엔터테인먼트)

"죄송하지만,
저기 버스정류장까지만 씌워 주시겠어요?"

이 영화의 첫 장면은 사랑의 설렘을 잘 표현한 인상 깊은 신(scene)으로 꼽힌다. 지금도 이 길을 걷노라면 영화 속 장면이 주마등처럼 스쳐지나간다. 인우의 우산 속으로 태희가 불쑥 뛰어 들어오고 예기치 못했던 순간, 갑작스럽게 찾아온 운명 같은 사랑은 싹을 틔운다.

그들의 첫 만남은 정동길에서 시작됐다. 돌담길을 한참 걷는 동안 긴장한 남자는 여자에게 우산을 씌워주느라 자신의 어깨가 젖는 줄도 모른다. 첫눈에 반하는 사랑이란 없는 줄 알았는데…. 인우는 태희를 보는 순간 마법에 걸리듯 사랑에 빠졌다. 그 뒤로 인우는 태희를 만나기 위해 매일 돌담길 정류장에서 하염없이 기다린다.

그들의 만남이 순수하고 아름답게 느껴졌던 이유는 공간이 주는 이미지가 더해져서 그렇다. 영화 촬영지는 이화여고의 돌담길. 이곳의 담벼락은 정형화되지 않은 배열과 크기로 돌담을 쌓았는데 소박하고 정겨움을 물씬 풍기게 하는 특징에 정동길에서도 으뜸으로 꼽는 돌담길이다.

인우와 태희가 함께 걸었던 돌담길. 정형화되지 않고 자연스럽게 축조된
정동 이화여고 돌담길은 예스럽고 낭만적인 정취로 연인들을 매혹해 왔다.

정동길과 덕수궁길은 어떻게 구분지을까? 정동길은 당시 덕수궁길이었다. 1984년 덕수궁길이 처음 공식 가로명으로 제정될 때 덕수궁 입구에서 서울시립미술관을 경유, 이화여고를 거쳐 신문로1가 122번지(새문안로)에 이르는 길이었다. 2005년 9월 구간 조정을 통해 현재의 덕수궁길은 대한문에서 국립현대미술관과 구세군 중앙회관을 거쳐 새문안로까지를 의미하고, 정동길은 정동제일교회 사거리부터 경향아트힐까지를 일컫는다. 덕수궁길은 덕수궁 남쪽 담장을 따라 났기 때문이며 정동길은 정동의 한가운데를 지나는 데서 각각 이름이 붙여졌다. 정동은 조선 태조의 왕비 신덕왕후(神德王后)의 정릉(貞陵)이 있던 데서 정릉동이라 하다가 정동이 된 동명 유래가 있다. 그러나 시민들은 이러한 공식적인 구분과는 관계없이 덕수궁길과 정동길을 아울러 '덕수궁 돌담길'과 '정동길'로 부르고 있다.

많은 연인들은 이곳을 찾는다. 덕수궁길이 아름답고 걷기 좋아 지금은 연인들의 데이트 장소로 각광받고 있지만 한때는 연인이 덕수궁 돌담길을 걸으면 헤어진다는 속설도 있었다. 지금의 서울시립미술관 자리가 옛 서울가정법원이 있던 자리였기 때문일 수도 있다.

그러고 보니 〈번지점프를 하다〉에서도 주인공들이 사랑의 결실을 맺지 못했다. 그 이유가 속설과 같이 돌담길을 걸었기 때문일까? 사랑하는 그들은 용산역에서 만나기로 했는데 안타깝게도 태희가 사고를 당해 두 사람은 사랑을 지켜내지 못한다.

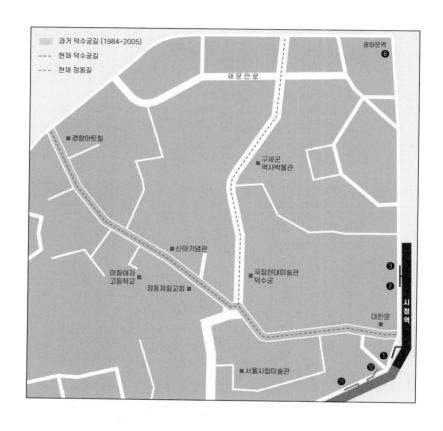

덕수궁길 지도

정동길에 가면 다양한 문화행사를 즐길 수 있다.

독특한 자태의 '신아기념관'
1930년대 지어져 숱한 굴곡…
도심 속 고풍스러운 멋을 제공

현대와 과거가 한 공간에서 조화를 이루며 공존하는 정동길. 찬찬히 둘러보니 독특하고 고풍스러운 신아기념관이 눈에 들어온다. 영화 오프닝에서 비가 내리는 정동길에 자전거 한 대가 지나간다. 인우가 자전거를 피해 몸을 비트는 순간, 태희가 인우의 우산 속에 들어오는데, 이 장면이 신아기념관과 주변에서 촬영됐다. 문화재 제402호로, 미국 싱거미싱회사가 사옥으로 쓰기 위해 1930년대 건축한 것이다.

철근 콘크리트 구조, 지하 1층에서 지상 1층으로 올라가는 독특한 계단, 고풍스러운 미국식 발코니, 중국 상하이(上海)에서 수입한 붉은 벽돌까지. 당시 정동의 이미지를 고려하면 민간 건물로서 앞선 기술이 적용된 곳이다. 일제강점기 미국과 일본과의 관계가 악화되면서 싱거미싱회사는 추방됐으나 건물은 8·15 광복 이후 다시 사용하다 1969년 신아일보사에 매각됐다. 1980년 5공화국의 언론통폐합 조치로 신아일보사는 경향신문사에 통폐합되고 지금은 신아기념관으로 사용 중이다.

영화 〈번지점프를 하다〉의 오프닝 신을 신아기념관 주변에서 촬영했다.

데이트하던 대학로 학림다방

민주화운동·예술인의 사랑방

아직도 '아날로그 감성' 가득

〈번지점프를 하다〉의 또 다른 촬영지는 대학로의 학림다방이다. 영화는 1983년대와 2000년대를 배경으로 1부에서는 1980년대 대학생활을 즐기며 인우와 태희의 풋풋한 연애가 그려지고, 2부에서는 국어교사가 된 인우가 담임으로 있는 제자 현빈을 보고 태희의 흔적을 찾는 과정을 그린다.

1980년대와 2000년대라는 시간의 격차, 멜로드라마라는 장르에 맞게 영화에서 공간은 시대를 상징하고 당시 문화와 정서에 맞게 감성적으로 배치된다.

대학로는 젊음을 상징하는 공간이다. 서울대학교 의과대학, 성균관대학교, 카톨릭대학교, 한성대학교, 서울여자대학교, 한국방송통신대학교 등이 근처에 있다. 누구나 잊지 못할 추억, 나만의 추억의 장소가 있을 법한 대학로. 수많은 청춘들이 이곳을 지났고 이제는 청춘이었던 시절을 기억하는 공간으로 자리매김하고 있다.

인우와 태희가 데이트하던 학림다방은 1980년대 대학생들에게는 잘 알려진 곳이다. 군사정권 시절 민주화 운동 세력은 학림다방에서 주로 모임을 가졌다. 당시 신군부는 민주화 운동에 참여한 학생들을 검거하면서 '학림사건'이라고 불렀다. 학림다방은 민주화 운동의 아지트인 동시에 예술인들의 사랑방이었다. 소설가 이청준, 시인 김지하, 천상병 등이 자주 찾았고 대학로에서 연극을 했던 배우 송강호, 황정민, 가수 김광석도 이곳을 자주 들렀다.

학림다방에는 LP판이 진열돼 있어 예스러운 정취를 물씬 풍기고 있다. 국내외 많은 관광객들의 필수코스로 휴일에도 손님들의 발길이 끊이지 않는다.

학림다방은 우리나라에서 가장 오래된 다방으로
그 시절, 그 감성, 그대로 현재까지 존재하고 있다.

2014년에는 서울미래유산으로 지정, 건물 전체가 영구보존 구역이 됐
다. 1975년 관악구로 이전하기 전에 서울대는 동숭동에 있었는데 학림다
방은 그 건너편에 자리를 잡았다. 1956부터 영업을 시작한 학림다방은
서울대 문리대에서 열었던 '학림제'라는 축제에서 유래된 것이다.

학림다방 하면 빼놓을 수 없는 매력이 클래식함이다. 입구부터 세월의
흔적이 느껴지는 현관문과 허름한 나무 바닥, 낡은 테이블과 예스러운 의
자, 책장 가득히 꽂혀 있는 LP판 등 아날로그적 감성을 느낄 수 있다. 최근
에는 김수현이 출연한 2013년 SBS 드라마 〈별에서 온 그대〉 이후 독특한
분위기의 다방을 구경하기 위해 외국 관광객도 많이 찾는다고 한다.

영화에서 인우는 〈When I falling in love〉를 신청하고 DJ는 사연과 함
께 신청곡을 틀어준다. LP 특유의 떨리는 음색과 배경음악이 인상적인 이
장면에서 태희는 자신의 모습을 새긴 지포 라이터를 인우에게 선물한다.

배경음악 중 러시아 음악가 쇼스타코비치의 재즈모음곡 제2번도 인상 깊다. 인우는 태희를 쫓아 조소과 MT를 따라가는데 그곳에서 태희는 수줍게 인우가 자신의 인연이었음을 첫눈에 알아보고 우산 속으로 뛰어갔다고 말한다. 그리고 교양시간에 배운 왈츠를 음악에 맞춰 춘다. 소나무 숲 사이로 붉은 석양이 물들고, 남녀 주인공이 왈츠를 출 때 흘러나오는 경쾌한 듯 우수에 찬 멜로디는 영화 전체의 분위기와 닮아 있어서 명장면과 명곡으로 기억되고 있다. 〈번지점프를 하다〉를 통해 알려진 충남 태안 갈음리 해수욕장은 이후 MBC 드라마 〈다모〉의 촬영지로도 유명해졌다.

왈츠를 추고 있는 영화 〈번지점프를 하다〉 속 장면

"지구상 어느 한 곳에 조그만 바늘 하나를 꽂아놓고 하늘에서 밀씨가 떨어져 그 바늘 위에 꽂힐 확률, 그 계산할 수도 없는 확률로 만나는 것이 인연이다."
– 영화 〈번지점프를 하다〉 중에서

〈번지점프를 하다〉 속 1부와 2부의 이야기는 유기적인데, 1980년대 인우와 태희의 경험과 추억은 2000년대 인우와 현빈을 잇는 인연의 끈이 되기 때문이다. 인연이란 무엇인가? 영화에서 인우가 이야기한 것처럼 이 지구상 어느 한 곳에 조그만 바늘 하나를 꽂아놓고 하늘에서 밀씨가 나풀나풀 떨어져서 그 바늘 위에 꽂힐 확률, 그 계산할 수도 없는 확률로 만나게 되는 것이다.

〈번지점프를 하다〉는 인우와 태희 그리고 현빈과의 만남을 통해 사랑하는 사람이면 만날 수밖에 없는 인연을 가졌다고 말한다. 인우는 태희가 과거에 물었던 '숟가락과 젓가락'의 차이를 현빈 또한 질문함으로써 애써 묻어두었던 태희의 기억을 되짚게 된다. 하필이면 현빈은 길거리에서 구입한 지포 라이터를 갖고 있고 쇼스타코비치의 왈츠곡을 핸드폰 벨소리로 하고 있으며 물건을 쥘 때 새끼손가락을 편다. 긴장될 때, 태희 앞에서처럼 현빈 앞에서 딸꾹질이 나온다.

남학생 제자와 스승의 사랑으로 발전할 수 있었지만 영화에서 그들은 다음 생에 만날 것을 기약하며 죽음을 택한다. 동성애적 이야기보다 환생과 인연, 사람과 사람 간의 사랑으로 풀어감으로써 논란에서 비켜 갔다.

불교에서 세계관은 윤회다. 죽음은 단순한 끝이 아니라 또 하나의 시작을 의미한다. 김대승 감독의 말처럼 〈번지점프를 하다〉는 이별한 사람에게는 더 큰 슬픔을, 인연을 찾아 헤매는 사람에게는 과거의 인연을, 이별하고자 하는 사람에게는 인연의 소중함을 느끼게 한다. 윤회와 전생의 모습을 심플하고도 정확하게 묘사한 〈번지점프를 하다〉는 제작된 지 오랜 시간이 흘렀음에도 지금까지 우리에게 울림을 준다.

김대승 감독

임권택 영화 보며 꿈 키우던 소년…
제자로서 8년 가르침 받고 데뷔

2001년 개봉한 김대승 감독의 영화 〈번지점프를 하다〉는 당시 적잖은 논란을 불러왔다. 영화는 청춘 남녀의 사랑을 메인으로 하면서도 동성애적 이야기를 다뤘기 때문이다. 그럼에도 윤회에 기반한 시대와 성을 초월하는 아름다운 사랑 이야기는 많은 관객에게 큰 감동을 주었다. 김 감독은 〈번지점프를 하다〉를 통해 연출력을 인정받아 제22회 청룡영화상과 제24회 황금촬영상에서 신인감독상을 수상했다.

김 감독의 뛰어난 연출력은 현장에서 익힌 경험이 큰 역할을 했다. 그는 중앙대 연극영화과를 졸업하고 1990년 정지영 감독의 영화 〈하얀 전쟁〉의 스크립터로 충무로에 들어왔다. 영화제작이 끝날 무렵, 임권택 감독은 전쟁영화 제작 경험이 있는 그를 〈태백산맥〉 연출부에 투입했으나 영화 제작이 뒤로 밀리면서 차기작인 〈서편제〉로 임 감독과의 인연이 시작됐다. 뒤이어 임 감독의 영화 〈축제〉(1996)와 〈노는계집 창〉(1997), 〈춘향뎐〉(1999)에서 연출부를 거쳐 조감독을 맡았다.

1990년대는 한국영화계에서 도제방식의 제작시스템이 사라져가던 시기였다. 그 시기 끝자락에 김 감독은 거장 임권택 문하에서 8년간의 혹독한 가르침을 받으며 촬영 현장을 통솔하는 지혜와 노련함을 함께 익혔다.

김 감독은 이러한 현장경험을 바탕으로 다양한 장르의 영화를 제작했다. 2001년 데뷔작인 〈번지점프를 하다〉를 성공적으로 연출했으며 2005년에는 조선시대를 배경으로 연쇄살인 사건을 다룬 영화 〈혈의 누〉의 연출과 각본을 맡아 제13회 춘사영화상 최우수작품상과 감독상 그리고 제25회 한국영화평론가협회상 각본상을 수상했다. 2006년에는 유지태, 김지수 주연의 멜로영화 〈가을로〉와 2012년 사극영화 〈후궁 : 제왕의 첩〉에서 각본과 연출을 맡았다. 그리고 유승호, 고아라 주연의 〈조선마술사〉에서도 조선시대 마술사의 사랑 이야기를 선보이기도 했다.

학창시절 임 감독의 영화 〈만다라〉와 〈장군의 아들〉 등을 보며 영화에 대한 꿈을 키웠고 촬영현장에서는 임 감독에게서 영화에 대한 애정과 열정을 배웠다. 영화와 인생 모두에서 임 감독을 스승으로 삼고 있는 김 감독은 현재 부산에 위치한 동서대학교 임권택영화예술대학에서 교수로 재직하며 후학들을 양성하고 있다.

"지구상 어느 한 곳에 조그만 바늘 하나를 꽂아놓고
하늘에서 밀씨가 떨어져 그 바늘 위에 꽂힐 확률, 그
계산할 수도 없는 확률로 만나는 것이 인연이다."
- 영화 〈번지점프를 하다〉 중에서

#02

기적소리 끊긴 간이역…
지극한 '사랑의 추억'이
머물러 있네…

편 지

〈 편 지 〉의 배경 경춘선 경강역

영화 〈편지〉의 포스터 (자료제공 : 아트시네마)

<u>1970~80년대 대학생들의 단합 장소</u>

<u>젊은 시절 추억을 떠올리게 하는 낭만의 열차</u>

<u>일제 강점기 때 지어진 기차가 끊긴 후</u>

<u>관광지 변신, 각광…</u>

스치는 바람에 제법 기분이 좋아지는 초봄, 교외로 떠나고 싶은 때다. 가평과 춘천은 서울과 거리가 가까워 연인, 친구 혹은 가족과 더불어 부담 없이 여행하기 좋은 장소이다. 또한 중년들에게는 젊은 시절의 추억과 낭만을 떠올리게 하는 좋은 곳이다.

지금은 역사의 뒤안길로 사라져버린 경춘선 열차. 서울과 춘천을 잇는 경춘선은 1939년 일제강점기 군수물자를 나르기 위한 운반열차로 이용됐고, 1967년 월남전 파병군인들이 부산을 향해 몸을 싣기도 했다.

그러나 1970년대와 1980년대에는 서울로 통학하는 학생들과 단합대회를 갖는 대학생들을 실어 나르며 청춘과 사랑, 추억과 낭만의 열차로 자리 매김했다. 특히 봄이 되면 가평, 청평, 강촌 등은 단합대회에 나온 대학생들의 젊은 에너지로 넘쳐났다.

경기도와 강원도의 접경지대에 있다고 해서 이름붙여진 경강역은
아름답기로 소문났으며, 영화 〈편지〉의 촬영지로 알려지며 더욱 유명해졌다.

대학시절 학과 MT를 강촌과 춘천으로 갔다. 대학생들의 MT성지답게 봄이면 많은 대학생들로 가득했다. 그 시절 완행열차 안에서 있었던 재미난 해프닝들이 다시금 새록새록 떠오른다. 무궁화호 완행열차는 그 시절 청춘을 지났던 사람들에게는 설렘과 낭만의 동의어다.

찬란하고 영롱했던 젊음의
사랑과 희망, 방황과 좌절이 혼재된
추억으로 뭉쳐진 낭만 열차다.

서울 청량리역을 출발해 춘천역까지 87㎞의 철로가 놓여 있는 경춘선은 곡선이 유난히 많고 북한강을 끼고 있어 시속 50㎞밖에 속도를 낼 수 없었다. 비록 속도는 느리지만 북한강이 만들어 놓은 수려한 경관을 충분히 감상할 수 있는 여유를 주는 철로였다.

경강역과 북한강

지금은 현대식 역들이 들어섰는데 복선 전철이 개통하기 전만 해도 경춘선은 개성 있는 역들로 가득했다. 우리가 잘 알고 있는 대성리역, 강촌역, 춘천역 등은 가장 대표적인 역으로 이름을 알렸지만 그밖에도 작고 아담한 간이역들도 많다. 특히 아름답기로 소문난 경강역은 1997년 최진실, 박신양 주연의 영화 〈편지〉의 촬영지로 소개되면서 화제가 된 장소다.

서울 근교에서 기차로 통학하는 대학원생 정인(최진실)은 기차역에서 임업연구원으로 일하는 환유(박신양)를 만나고 연인으로 발전한다. 이들은 결혼 후, 수목원 관사에 신혼살림을 차리고 행복한 나날을 보내는데 갑자기 환유가 악성뇌종양 판정을 받아 결국 세상을 떠나게 된다. 홀로 남게 된 정인은 삶의 의욕을 잃는다.

그러나 뜻밖에도 죽은 남편에게서 매일 편지가 오게 되면서 정인은 환유의 편지를 기다리는 기쁨에 삶의 의욕을 느낀다. 그리고 자신이 환유의 아이를 가졌다는 사실도 깨닫는다. 그런데 이것은 자신의 죽음을 알게 된 환유가 혼자 남게 될 정인을 위해 편지를 써놓은 것이었고 생전의 환유의 부탁으로 역장(驛長)이 전달해준 것이었다.

뇌종양으로 죽기 직전 홀로 남게 될 아내를 위해 편지를 쓴 남편의 진실한 사랑을 다룬 영화 〈편지〉는 개봉 당시 흥행성과 작품성 둘 다 인정받았으며 조폭영화로 가득했던 한국영화의 흐름을 순수한 사랑의 멜로드라마로 복원시켰다는 평을 받았다.

아름답기로 소문난 작고 소박한 경강역
두 남녀주인공이 만나 사랑을 싹틔운 곳으로 유명
촬영 후엔 사랑역으로 각인돼…

정인과 환유는 경강역에서 운명적인 상대를 만난다. 매주 월요일이면 누군가 플랫폼에 꽃을 놓아두는데 정인은 즐거운 한 주를 위해 그 작은 화분을 어김없이 집어 든다. 그러다가 그만 지갑을 떨어뜨리고, 그 모습을 본 환유는 택시를 타고 기차를 쫓는 추격전 끝에 정인을 만나 인사를 나눈다. 경강역은 두 사람의 인연이 맺어지는 장소이자, 두 사람의 사랑이 결실을 맺는 장소다.

자그마하고 예쁘장한 시골 간이역은 영화 〈편지〉 이후 사랑역으로 각인됐다. 경강역은 2003년 방영된 SBS TV 드라마 〈천국의 계단〉에도 나온다. 이루어질 수 없는 사랑에 도전하고 아파하는 청춘남녀의 운명을 그린 〈천국의 계단〉에서 송주(권상우)는 정서(최지우)를 뒤쫓아 가지만 기차를 놓쳐 자동차를 타고 뒤따라가게 된다. 이 장면이 바로 이 역에서 촬영됐다.

영화 〈편지〉와 드라마 〈천국의 계단〉은 모두 운명의 여인을 놓치기 싫어 자동차로 기차를 뒤쫓는 남성이 등장한다. 그리고 보면 아담하고 아기자기한 경강역은 남녀 간의 운명적 만남의 장소로 활용하기에 안성맞춤의 장소인 듯 보인다.

한편, 경강역이란 이름의 유래도 소소한 재미를 준다. 강원 춘천시 남산읍 서천1리에 자리하고 있어서 예전 이름은 '서천역'이었다. 그러나 1955년 장항선의 충남 '서천역'과의 혼동을 우려해 현재의 경강역으로 이름이 바뀌었다. 경강역은 경기도와 강원도의 접경지대에 있는 역이라고 해서 두 지역의 앞글자를 빌려와 만든 명칭이다.

1939년 일제강점기 때 지어진 이 역은 원형이 잘 보전돼 있어 영화촬영지 이전에 사료적 보존가치가 높은 곳이지만 경춘선 복선전철이 개통되면서 이제는 추억 속으로 사라지고 말았다.

지금은 더 이상 기차가 다니지 않으나 플랫폼은 예전 그대로의 모습이다. 관광지로 탈바꿈하면서 열차를 대신해 철로에는 레일바이크가 오가고 있다. 70여 년의 긴 세월을 뒤로하고 2010년 폐역이 된 경강역은 이제는 또 다른 낭만과 추억을 안겨주는 장소로 우리에게 다가온다.

경강역 주변 레일바이크와 플랫폼

영화가 개봉된 지 어느덧 20여 년이라는 시간이 흘렀고 더 이상 기차도 다니지 않는 경강역은 사람의 온기를 그리워하는 듯 애처로워 보인다.

청춘이 영원히 머물지 않듯
우리네 인생도, 경강역도 그렇게 변한다.

그렇다고 아름다운 기억까지 사라지는 것은 아니다. 오히려 가슴 절절하게 파고들 뿐이다. 역사(驛舍) 곳곳에 남은 영화 〈편지〉의 흔적 덕분에 이곳은 추억의 성지로 남아 있다.

경강역은 지금 폐역이 돼 더 이상 열차는 지나지 않지만
당시의 낭만과 추억만은 그대로 남아 있다.

아침고요수목원, 영화 속 주요 공간
빼어난 자연경관과 한국 전통미의 조화
지금은 연인들의 필수 데이트코스로 각광

경강역에서 20km 떨어진 멀지 않은 곳에 아침고요수목원이 있다. 차를 이용하면 20분이면 도착한다. 경기 가평군 상면 행현리에 위치한 아침고요수목원 역시 영화의 주된 촬영지다. 영화 속 환유는 임업연구원으로 수목원 관사에 살고 있어 많은 부분이 수목원에서 촬영됐다.

1996년 개원한 아침고요수목원은 축령산의 빼어난 자연경관을 배경으로 한국 전통의 미를 원예학적으로 잘 조화시킨 곳이다. 22개의 특색 있는 정원은 곡선과 여백으로 채워진 길들이 어우러져 멋스러움을 더한다.

아름답게 가꾸어진 잔디밭과 화분, 자연스럽게 연결되는 산책로, 백두산 식물 300여 종을 포함한 5,000여 종의 식물이 수목원을 메우고 있다. 조경이 잘된 덕분에 이곳에서는 〈편지〉를 시작으로 영화 〈조선명탐정〉, 〈중독〉, 드라마 〈불새〉, 〈구르미 그린 달빛〉, 〈웃어라 동해야〉, 그리고 예능 〈무한도전〉 등 많은 작품이 촬영됐다.

아침고요수목원

수목원에서의 데이트를 신청한 환유는 수목원을 거닐며 즐거운 데이트

도 즐기고 청혼까지 한다. 그리고 하객들의 축복을 받으며 야외결혼식을

진행한다. 싱그러움이 가득한 수목원을 배경으로 자전거를 타고 가는 장

면은 영화의 백미로 꼽힌다.

> "나중에, 나중에, 이다음에 이다음에, 시간이 많이 흐른 다음에 다시 만나자… 꼭, 다시 만나자…"

죽음 앞에 선 환유는 사랑하는 정인을 향해 말한다. 이 한마디는 환유의 애절함이 느껴지는 가슴 절절한 대사이다. 환유는 죽음으로 젊은 생을 마감한다. 그는 수목원에서 잠이 들고 정인은 한 그루의 나무 밑에서 그를 그리워하는 것으로 영화는 끝을 맺는다.

아침고요수목원 입구에 들어서면
영화 〈편지〉의 엔딩 장면에 등장한 환유나무가 보인다.

영화 〈편지〉의 흥행 이후 아침고요수목원은 연인들의 필수 데이트코스이자, 영원한 사랑을 맹세하는 장소가 됐다. 수목원 입구에서 들어오면 준봉들이 에둘러 선 너른 평원 한쪽에 잣나무 한 그루가 서 있는데, 정인이 환유와의 옛 추억을 더듬었던 곳이다. 지금은 주인공의 이름을 따서 '환유나무'로 불리고 있다.

"내 그대를 생각함은 항상 그대가 앉아 있는 배경에서 해가 지고 바람이 부는 일처럼 사소한 일일 것이나 언젠가 그대가 한없이 괴로움 속을 헤매일 때에 오랫동안 전해 오던 그 사소함으로 그대를 불러보리라." - 황동규, 「즐거운 편지」 중에서

소설가 황순원의 아들이라는 수식어로 더 많이 알려진 시인 황동규. 「즐거운 편지」는 그의 작품 가운데 가장 널리 알려진 작품이다. 그가 고교 시절 짝사랑의 대상이었던 연상의 여인을 두고 쓴 것으로 이 작품은 김소월의 「진달래꽃」과 한용운 「님의 침묵」으로부터 이어지는 연애시라고 평가받고 있다.

「즐거운 편지」는 전통적 정서를 반영하면서도 사랑에 대한 새로운 해석을 시도해 신선한 충격을 가져왔다. 시에서는 간절하고 소중한 사랑, 기다림으로 승화된 변함없는 사랑을 이야기하고 있는데 남들에게는 힘들어 보일지라도 상대를 사랑하고 그리워하기에 즐겁다는 반어적인 표현을 통해 사랑의 깊이를 강조하고 있다.

「즐거운 편지」만큼 영화감독들에게 사랑받는 시(詩)가 또 있을까? 이 시를 모티브 삼아서 배창호 감독의 〈기쁜 우리 젊은 날〉과 허진호 감독의 〈8월의 크리스마스〉가 만들어졌다. 〈편지〉도 마찬가지다. 특히 이정국 감독은 「즐거운 편지」에 대한 애정을 영화 전반부와 후반부에서 두 번씩이나 낭송하는 것으로 드러냈다.

환유는 결혼 후, 처음으로 맞는 정인의 생일에 「즐거운 편지」를 적어 보낸다. 위문편지 한 번 써본 적이 없던 환유는 시를 통해 자신의 사랑을 표현한다. 그리고 그가 죽어가면서 사랑하는 아내에게 편지를 남기는 계기가 된다. 죽음 뒤에도 잇따라 배달되는 편지로 정인은 남편의 가슴 절절한 사랑을 깨닫고 절망에서 벗어나 삶의 의욕을 되찾는다.

평생 편지 한번 제대로 쓰지 못한 남자가 세상에서 가장 아름다운 편지를 쓰게 된 것은 결국 사랑 때문이었다. 너무나 사랑하기에 차마 떠나보낼 수 없는 마음을 편지로 담아냈다.

사랑하는 사람과의 이별, 끝까지 지키지 못한 사랑에 안타까워하는 마음, 그리움과 애틋함을 뒤로한 채, 끝까지 기다리겠다는 의지를 품고 있는 영화 〈편지〉. 한없는 기다림으로 이별을 이기겠다는 내용을 담고 있는 시, 영화는 「즐거운 편지」의 메시지를 오롯이 전달하고 있다.

"사랑이란, 언제나 이별의 시간이 다가오기 전까지는 그 깊이를 알지 못하는 것이다." - 영화 〈편지〉 중에서

햇살이 따스한 봄날, 가방 하나 둘러메고 여행하기에 기차 여행만 한 것이 없다. 이젠 구불구불한 단선 철로 위의 무궁화호 열차 대신 반듯하게 펴진 복선 전철이 지나고 있다. 경춘선 일대의 철로는 폐선이 됐지만 그렇

다고 추억까지 지울 수는 없다. 정인이 말했듯이 이별의 시간이 다가오기 전, 사랑하는 사람과 봄이 지나가기 전에 그곳으로 추억 여행을 떠나보는 것은 어떨까?

이정국 감독

1997년 외환위기 때 〈편지〉로 흥행 대박
멜로 · 다큐 · 액션 등 장르 넘나들어

이정국 감독은 우리 국민이 1997년 외환위기로 힘든 시기에 멜로영화 〈편지〉를 만들어 관객을 펑펑 울리며 카타르시스를 선사했다. 〈편지〉는 그해에 한국영화 최고 흥행기록을 세우며 1990년대 한국영화계 멜로드라마의 붐을 이어갔다. 한국 정통 멜로드라마인 〈편지〉에서 이 감독은 한 남자의 가슴 절절한 순애보를 섬세하고 세련되게 표현했다. 또한 영화에 삽입된 시와 음악으로 아름다운 영상과 더불어 이별의 감성을 전하는 테크닉을 구사했다. 주제곡인 정여진의 〈Too Far Away〉는 숨소리 하나하나에 슬픔이 묻어 있어 음악을 듣고 있노라면 끝없이 아련한 추억에 빠져들게 된다.

이 감독은 멜로영화의 대가로 알려져 있는데, 실제로는 다양한 장르의 영화를 연출했다. 1984년 대학 시절 만든 영화 〈백일몽〉은 대사 없이 시각

이미지와 음악만으로 이끌어 가는 흑백영화로 대한민국 단편영화제 최우수 작품상을 수상했으며 베를린영화제 등 국제영화제에 초청받았다.

그가 직접 각본을 쓰고 연출을 맡은 장편 데뷔작 〈부활의 노래〉는 최초로 광주 항쟁을 다룬 상업극영화다. 이 작품은 유신정권 시절, 사회 정의 실현과 민주화를 꿈꾸던 젊은이들의 항쟁을 그린 영화로 제30회 백상예술대상에서 영화부문 신인 감독상을 받았다. 1994년 연출한 영화 〈두 여자 이야기〉로 감독으로서의 존재감을 확고히 했다. 6·25전쟁 직후부터 1970년대까지 어려운 현대사를 살아온 여인들의 삶을 통해 이 땅에서 살아가는 어머니들의 한(恨)과 관용의 정신을 그린 영화는 그해 대종상에서 최우수 작품상과 신인 감독상, 각본상 등 6개 부문을 석권했다.

1997년 〈편지〉가 흥행에 크게 성공하면서 멜로의 달인, 감각 연출의 귀재라는 별명을 얻었다. 그는 2002년에 신현준, 신은경 주연의 해양 블록버스터 영화 〈블루〉를 선보였다. 멜로영화의 상업적 성공에 만족하지 않고 잠수함 영화에 도전해 자신의 필모그래피에 새 이력을 남긴 것. 때로는 날카롭게, 때로는 아름답게 영화 팬들의 마음을 흔들었던 그는 〈블루〉 이후 독립영화에 집중하고 있다. 현재 대학에서 후학을 양성하면서도 꾸준히 작품 활동을 함으로써 현역 연출가로서의 자세를 유지하고 있다.

"사랑이란, 언제나 이별의 시간이 다가오기 전까지는
그 깊이를 알지 못하는 것이다." - 영화 〈편지〉 중에서

#03

인연을 연인으로 만들어준
극장 앞 광장…
낭만에 접속하다

접 속

〈접 속〉의 배경 피카디리 극장

1960년 '서울키네마'로 개관

종로 극장시대, 단성사와 쌍벽을 이뤄

피카디리는 런던 예술거리 명칭을 따서 개명,

80~90년대 참신한 영화를 개봉하면서 입지를 굳힘

영화 〈접속〉의 한 장면. 종로3가 피카디리 극장은 주인공들이
PC통신을 통해 만나 사랑을 키워가는 주요 공간이다. (자료제공 : 명필름)

10월이면 생각나는 곳. 서둘러 종로로 발길을 돌렸다. 서울 종로거리는 가을빛으로 완연하다. 사람들은 스치는 바람 소리를 듣기 위해 귀를 기울이며 코트 자락을 여민다. 지하철 종로3가역에서 내려 2번 출구로 나가니 CGV 피카디리1958이 눈에 띈다. 여기는 과거 단성사와 쌍벽을 이루며 종로 극장가 전성기의 한 축을 담당했던 피카디리 극장이다.

피카디리 극장은 1958년 설치허가를 얻고, 1960년 서울키네마라는 이름으로 영화의 상징인 종로 한복판에 개관했다. 그러다 1962년 영국 런던의 대표적인 예술거리인 피카디리 가(街)의 이름을 따서 피카디리 극장으로 명칭을 바꾼 후, 한국영화의 역사와 함께 흘러왔다. 피카디리 극장 바로 건너편에는 그 유명한 단성사가 있다. 단성사 또한 한국영화사에 있어 상징적인 극장으로 유명하다.

단성사는 한국인에 의해 제작된 최초의 영화 〈의리적 구토〉가 1919년 10월 27일 상영되며 한국영화 사상 획기적인 전기를 마련한 역사적 장소다. 이날을 기념해 10월 27일은 '한국영화의 날'로 지정되었다. 하지만 두 극장은 서로 상반된 이미지를 가지고 있다. 단성사가 예스러운 느낌을 준다면 피카디리 극장은 트렌디한 이미지가 있었다.

1997년 영화 개봉 당시 단관이었던 극장은 2004년 8개관을 갖춘 멀티플렉스가 됐고, 이름도 CGV 피카디리1958로 바뀌었다.

종로에 위치한 피카디리 극장은 만남의 공간으로 이용했다. 서울과 경기권 친구들과 모일 때 가장 중심인 장소이기도 하고 주변에 갈 곳도 많았기 때문이다. 세월의 흐름과 함께 극장은 변했지만 극장 앞은 여전히 〈접속〉에서처럼 누군가를 만나는 만남의 광장으로 애용되고 있다.

피카디리 극장에서는 1980년대부터 1990년대까지 배창호 감독의 〈고래사냥〉, 이명세 감독의 〈나의 사랑, 나의 신부〉, 김의석 감독의 〈결혼이야기〉, 이창동 감독의 〈초록물고기〉, 허진호 감독의 〈8월의 크리스마스〉 등 당시 한 획을 그은 참신한 한국영화들이 개봉됐다. 1997년 개봉한 영화 〈접속〉의 배경이 되기도 한다. 영화 속 피카디리 극장은 주인공들을 연결 해주는 중요한 장소가 된다.

PC통신을 통한 러브스토리로 히트
〈접속〉은 한국영화 고전으로 자리매김…
영화의 가장 주요 공간인 극장,
서로의 인연임을 암시하는 곳으로 사용

"만나야 할 사람은
언젠가 꼭 만나게 된다고 들었어요."

주옥같은 대사를 남긴 〈접속〉은 지금도 한국영화의 고전으로 자리매김 하며 영화 팬들에게 사랑받고 있다. 인터넷 인프라가 지금처럼 발달하지 않았던 1990년대에는 PC통신이 활발했다. 그런 시대상을 감안하면 PC통 신을 통해 사랑을 만들어간다는 설정은 당시로써는 획기적일 만하다.

서로가 상대를 알지 못하고 지나치는 장면은 인상적이다.

영화는 사랑의 상처를 지닌 두 사람이 PC통신을 통해 서로를 위로하면서 가까워지는 과정을 그렸다. 갑자기 떠난 옛사랑을 잊지 못하고 폐쇄적인 삶을 살고 있는 라디오 PD 동현(한석규)과 친구의 애인을 짝사랑해 가슴 아파하는 케이블TV 쇼핑가이드 수현(전도연)은 얼굴도 모른 채, PC통신으로 대화를 하면서 서로에게 호감을 느낀다.

어느 날, 동현은 옛사랑으로부터 낡은 음반을 받게 되고 수현은 라디오에서 흘러나오는 그 음악에 매료돼 PC통신을 통해 신청한다. 음악을 신청받자 동현은 옛사랑 그녀일지 모른다는 생각을 하며 PC통신에 접속하지만 다른 사람이라는 것을 알고 실망한다. 그러나 수현이 자신처럼 외로운 사람이며 반응 없는 사랑에 대한 열병을 앓고 있다는 것을 알게 되면서 동질감을 느끼게 된다. 그리고 두 사람은 서로의 아픔을 이야기한다. 통신 속 만남이 빈번해지면서 그들은 어느덧 서로에게 빠져 들게 되며 가상공간에서의 만남을 벗어나 얼굴을 맞대고 극장에서 함께 영화를 보기로 약속한다.

피카디리 극장은 이 영화의 주요 공간이다. 수현과 동현이 서로에게 인연임을 암시해주는 공간으로 사용되는 것은 물론 오프닝부터 엔딩까지 영화 전반에 걸쳐 등장한다. 영화 초반, 그들은 피카디리 극장에서 각자 홀로 영화를 본다. 영화가 끝나기 전, 먼저 나온 수현과 영화가 끝난 뒤 인파 속에 섞여 있던 동현은 극장 앞에 서서 쏟아지는 빗줄기를 멍하니 바라본다. 두 사람은 서로를 의식하지 못한 채, 그렇게 스쳐 지나간다.

영화 〈접속〉의 주인공은 PC통신을 통해 타인과 소통한다.

PC통신을 통해 가까워진 두 사람이 현실 세계에서 만나기로 약속한 곳

은 피카디리 극장 앞 스타광장이다. 하지만 동현이 이날 옛사랑의 부고를 듣고 약속 장소에 나가지 못하면서 두 사람의 첫 만남은 이뤄지지 않는다. 그렇게 엇갈린 만남 속에서 수현이 마지막으로 동현에게 LP판을 전해주기 위해 또다시 약속을 잡게 되는데 그 장소도 피카디리 극장이다. 이 장면은 만나야 할 사람은 반드시 만나게 된다는 의미를 확인시킨다.

2004년 멀티플렉스로 재탄생
과거의 흔적 찾아볼 수 없지만
각박한 서울 도심 속 오아시스로 남아
낭만 · 휴식의 공간으로 건재해…

영화가 개봉되고 20년이 훨씬 지난 지금, 〈접속〉이 더욱 특별하게 다가오는 이유는 PC통신에 관한 추억 때문이다. 90년대 중반은 한창 PC통신이 사용되던 때였다. PC통신은 컴퓨터에 전화선을 연결해 미지의 사람들과 소통하는데 그때의 기억이 아직도 선명하다. 미지의 사람과 처음 나누었던 떨리는 대화 그리고 설렘. 시간이 지난 지금도 그때의 두근거림이 생각난다. 온라인에서의 연결은 오프라인으로 이어졌고 만남과 동호회로 확장됐다. 당시에는 동현과 수현 같은 만남이 주변에 많이 있었다.

(좌) 피카디리 극장 앞 광장   (우) 영화 〈접속〉의 한 장면

피카디리 극장 앞 광장에 서 있노라니 〈접속〉의 마지막 명장면이 눈앞을 스치고 지나간다. 수현이 하염없이 기다리다 지쳐 결국 돌아가려 할 때 동현이 수현에게로 뛰어온다. 순간 떠오르는 영화 속 장면은 마치 내가 주인공이 된 듯 마음을 설레게 한다. 두 사람의 애틋한 사랑, 손에 잡힐 듯 긴 여운을 남긴 채 가슴 속에 흐른다.

지금은 대형 멀티플렉스가 곳곳에 있고 다양한 영화들이 매주 쏟아져 나와 영화를 보는 것이 큰 행사가 아니지만 예전에는 극장에 가기 며칠 전부터 잠을 못 이룰 정도로 들떠있었다. 극장에 예매시스템이 없던 시절, 영화를 보기 위해 매표소 앞에 줄을 서야 했고 특히 화제작이 나오면 끝도 없이 길게 늘어선 줄에 갇혀 몇 시간을 기다려야 했다. 지금은 상상하기 힘들지만 그때는 한 편의 영화가 여러 개의 스크린에 걸리는 일은 드물었고 대부분이 단관 개봉을 하던 시절이었다. 웃돈을 얹어 공공연히 암표를 파는 일도 흔했다.

영원한 것은 없다고 한다. 극장도 마찬가지다.

한국의 대표극장 (자료제공 : 단성사 영화역사관)

잘 나가던 단관 극장들은 세월의 흐름을 이겨내지 못하고 사라져 갔다. 종로3가에는 단성사, 피카디리, 서울극장 등 세 개의 단관 극장이 있어 '골든트라이앵글'이라고 불렀다.

서울 사대문 안에는 국도, 단성사, 대한, 서울, 명보, 중앙, 피카디리, 허리우드, 아세아, 스카라 등 10대 극장들이 있었다.

현재 개봉관은 대한극장과 서울극장 2곳뿐이다. 허리우드는 노인실버극장으로, 명보극장은 명보아트홀로 이름을 바꿔 뮤지컬 및 연극전용극장으로 용도를 바꾸었다.

가장 아쉬운 것은 1935년 지어진 스카라 극장이다. 2005년 문화재청이 근대문화유산으로 등록을 예고하자 소유자가 재산권 침해라고 반발하며 극장을 허물고 새 빌딩을 건축했다. 반원형 현관이 상징인 스카라 극장은 그렇게 역사 속으로 사라졌다.

1935년 일본인이 약초정(충무로)에 약초극장을 세웠고 해방 이후 1946년
지배인 홍찬이 극장을 인수해 수도극장으로 이름을 바꾸며 서울의
대표 극장으로 이름을 알리게 된다. 1962년 스카라 극장으로 이름을 바꾸어
2005년까지 서울의 10대 영화관으로 자리잡았다. (자료제공 : doopedia)

　시대의 흐름을 막을 수는 없는 일이지만 어릴 적 추억이 깃든 단관 극장

이 사라졌다는 것은 안타까운 일이다. 단관 극장은 1998년 멀티플렉스가

생기며 급속한 추락을 거듭했다. 피카디리 극장도 2004년 8개관을 갖춘

멀티플렉스로 거듭났다. 유리창으로 둘러싸인 현대적 감각을 갖춘 건물

로 재탄생한 이곳에서 이제는 과거의 흔적을 찾아볼 수 없다. 극장 이름도

프리머스 피카디리, 롯데시네마 피카디리를 거쳐 현재는 CGV 피카디리 1958로 바뀌었다. 지하 2층에는 1960년부터 최근까지 시대별로 뽑은 배우 20인의 사진과 메시지가 놓여있고 지하 4층 갤러리에는 과거 극장 앞 스타광장에 새겨졌던 영화인들의 핸드프린팅이 전시돼 있다.

CGV 피카디리1958 극장 지하.
피카디리 극장은 한국영화 역사 50여 년을 함께 했던 극장이다.

배우들의 핸드프린팅과 영화 〈접속〉의 명대사

피카디리 극장과 도로를 사이에 두고 마주보고 있는 단성사는 2010년 휴관에 이어 2015년 폐관했고, 그 자리에는 주얼리 타운이 들어섰다. 단성 사 앞에는 이곳이 과거에 명성을 떨쳤던 극장이었다는 것을 말해주듯 영 사기 조형물만 덩그러니 남아 있다. 마침 피카디리 극장을 찾은 날이 '한국

영화의 날'이었다. 건너편 단성사 자리에서 원로 영화인들이 모여 옛날의
추억을 되살리려는 듯 조촐한 행사를 진행하고 있었다.

단성사 영화박물관에서 배창호 감독과 함께

〈접속〉은 우리가 살아가는 서울의 도시 미학을 잘 담아낸 영화다. 이 영
화가 아름답게 비칠 수 있는 것은 도시가 담고 있는 매력을 충분히 묘사했
기 때문이다. 아름다움이란 순수한 대자연에서만 존재하는 것이 아니라

대자연의 일부인 도시에서도 느낄 수 있다. 화려한 야경과 높게 치솟은 대형 빌딩, 사람들로 북적이는 거리로 대변되는 각박한 서울에서 살고 있는 도시인들에게 극장과 음악다방, 심야 라디오 음악프로그램 등이 휴식을 제공했고 즐거운 추억으로 삶을 윤택하게 해줬다.

이렇듯 〈접속〉은 서울이라는 도시를 재조명했다. 서울, 그중에서도 종로, 추억의 공간을 다시 돌아보게 하고 기억하게 만든다.

이 영화는 낯선 사람과의 대화, 언젠가 만날 것 같은, 만나게 될 사랑 등을 담백하지만 감각적으로 풀어냈다. 오랜 시간이 지났지만 지금도 이 영화가 세련되게 다가오며, 이야기에 여전히 공감하게 되는 힘이다.

영화는 또한 시간이 지나며 변하는 인간관계와 사랑을 느끼게 해준다. 과거에는 편지와 유선전화로 관계를 만들며 이어갔지만 1990년대부터는 개인용 컴퓨터와 인터넷이라는 통신수단이 보급되면서 문자와 무선전화로 감정을 교류하고 관계를 지속했다. 그렇게 시대와 사회적 여건이 변화하며 젊은이들의 사랑 방법도 달라졌다는 것을 보여준다. 당시 젊은 관객들은 이 영화가 제시한 새로운 사랑법에 폭발적인 반응을 보였다. 150만 명을 동원한 이 영화는 그해 최고의 흥행 기록을 세웠다.

날이 어두워지면서 종로거리에는 다시 바람이 불기 시작했다. 가을 저녁 바람이 눈가를 스치는 거리에 차들이 빠르게 지나갔다. 종로 극장가 전성기를 주도했고, 시대를 앞서가는 한국영화로 많은 관객을 불러 모은 피카디리 극장. 과거의 명성은 세월의 뒤안길로 사라졌지만 아직도 이 극장 앞은 〈접속〉에서처럼 누군가를 만나는 만남의 광장으로 여전히 애용되고 있다.

장 윤 현 감 독

<접속> 통해 데뷔 흥행대박
외국 팝 명곡 삽입 유행도 이끌어

장윤현 감독은 1980년대 독립영화 단체 '장산곶매'에서 활동하며 단편 영화 <오, 꿈의 나라>(1989), <파업전야>(1990) 등을 공동으로 연출했다. 그는 그 후 헝가리 국립영화예술학교에서 수학했고, 1997년 장편영화 <접속>을 통해 충무로에 정식으로 데뷔했다.

<접속>은 영화사적으로도 큰 의미가 있다. 먼저 시대의 변화에 따른 영화 장르의 변천을 보여준다. 영화는 정치·사회적인 변화를 투영한다. 1980년대는 민주화가 주된 이슈였기 때문에 장 감독은 운동권 영화에 관심을 갖고 독립영화를 연출했지만 1990년대 이후 민주화가 이루어지자 사랑을 주제로 하는 멜로 장르로 전환했다. 시대적 변화를 반영해 <접속>을 연출했으며 흥행에서도 성공했다.

이 영화는 1990년대에 등장한 PC통신을 이용한 새로운 사랑법을 그렸다. 개인용 컴퓨터의 보급과 인터넷을 통해 소통하는 현대 젊은이들의 새로운 소통방식을 보여준다. 장 감독은 고독과 소외를 느끼는 도시인들에게는 위로를 전하고, 젊은이들에게는 실연의 아픔을 치유할 수 있는 신세대형 멜로 드라마를 선사했다.

영화음악에서도 새로운 지평을 열었다. 한국영화에는 가요가 들어간다는 전통을 깨고 외국 팝 명곡들을 삽입해 한국의 영화음악 시장을 절정으로 이끌어 냈다. 〈접속〉 이후 한국영화에 외국 팝 명곡들이 삽입되는 일종의 유행이 생겨났다. 이 영화의 주제곡으로 사용된 사라 본(Sarah Louis Vaugha)의 〈A Lover's Concerto〉는 한국영화에서는 보기 드물게 OST 앨범이 70만 장 팔렸다.

장 감독은 이 영화로 그해 열린 각종 시상식을 휩쓸었다. 〈접속〉은 대종상 최우수 작품상과 신인 감독상을 수상했으며 주연배우 한석규는 대종상 인기 남우상을, 전도연은 백상예술대상과 영화평론가협회상 신인 여우상, 청룡영화상 한국영화 최고 흥행상 등을 받았다. 두 사람은 이 영화를 통해 신세대를 대표하는 배우로 자리매김했다. 전도연은 또 이 작품을 통해 한국영화의 차세대 주자로 발돋움했고, 2007년 〈밀양〉으로 칸국제영화제 여우주연상을 거머쥐며 '칸의 여왕'으로 올라섰다.

장 감독은 〈접속〉이후 〈텔미썸씽〉(1999), 〈썸〉(2004), 〈가비〉(2012) 등 스릴러물과 사극 〈황진이〉(2007)를 연출했다. 그는 〈접속〉 제작 20주년을 맞아 한국영화계에 멜로물이 실종된 것을 아쉽게 생각하며 〈접속 그 후〉를 만들겠다는 의욕을 불태우고 있다.

"만나야 할 사람은
언젠가 꼭 만나게 된다고 들었어요"
- 영화 〈접속〉 중에서

제 2 막

언약의
장 소

피고 지는 꽃잎처럼…
흔들리는 대숲처럼…
사랑은 가더라

봄 날 은 간 다

〈봄 날 은 간 다〉의 배 경 강 릉 · 삼 척

봄 지나 여름에 삐걱거린 사랑

영원하리라던 사랑의 생로병사

계절 · 소리 · 자연의 변화에 담아

영화 〈봄날은 간다〉 주인공들의 사랑이 시작되는 장소인
강원 삼척 신흥사의 대나무숲. 햇살이 스며드는 가운데
잎과 잎이 부딪히며 내는 소리가 인상적이다. (자료제공 : 싸이더스)

중순을 훌쩍 넘긴 찬란한 5월.
야속하게도 봄날이 가고 있다.
봄날은 청춘과 같다고 했던가.

인생에서 가장 아름답고 찬란한 청춘은 하도 빨리 지나가 속절없이 지는 봄날과 비슷하기 때문에 그런 말이 나왔을 게다. 사랑 또한 영원할 것 같지만 잠시 머물다 가는 얄궂은 봄날과 같다.

계절이 흘러가는 이맘때면 허진호 감독의 영화 〈봄날은 간다〉가 생각난다. 지난 2001년 개봉된 〈봄날은 간다〉는 배우들의 연기는 물론 섬세한 연출과 아름다운 음악이 조화를 이룬 수작으로, 봄날이 가는 것처럼 어느새 다가온 사랑이 떠나가는, 우리네 인생 순간을 담담하게 그려냈다. 누구나 자신의 방식으로 사랑을 추억하듯 영화 속 주인공들은 찬란했던 봄날, 그들이 나누었던 사랑을 각자의 방식대로 기억한다.

"어떻게 사랑이 변하니?" - 영화 〈봄날은 간다〉 중에서

극 중 주인공 상우(유지태)는 영화 음향효과를 담당하는 사운드 엔지니

어로 치매에 걸린 할머니와 젊은 시절 상처한 아버지 그리고 고모와 함께 살고 있다. 강릉 라디오 방송국 프로듀서 은수(이영애)는 새로 맡은 프로그램에서 자연의 소리를 녹음하기 위해 상우를 찾는다.

겨울 어느 날, 상우와 은수는 첫 대면을 하고 강원도 이곳저곳 녹음작업을 하며 자연스럽게 가까워진다. 작업을 마치고 돌아오던 밤, 두 사람은 은수의 아파트에서 하룻밤을 보내게 되고, 사랑에 빠진 상우는 주체할 수 없을 정도로 그녀에게 빨려 들어간다.

그러나 겨울에 만난 그들의 관계는 봄을 지내고 여름을 맞으면서 삐걱거린다. 이혼의 아픔을 갖고 있던 은수에게 결혼을 재촉하는 상우의 사랑은 버겁기만 하다. 점점 멀어져가는 은수에게 "어떻게 사랑이 변하니?"라고 상우는 묻는다. 그러나 은수는 "헤어져."라는 말뿐이다.

새로운 사랑을 찾아 떠난 은수를 지켜보며 그는 이별의 아픔을 홀로 극복해 간다. 또다시 찾아온 봄, 상우는 떠나간 지난 사랑을 가슴속 추억으로 남긴다.

일상적이고 소소한 이야기

사랑의 생로병사

계절의 변화에 담아낸 수작

삼척고속버스터미널

〈봄날은 간다〉는 지극히 일상적이고 소소한 이야기지만 허 감독은 남녀의 만남과 헤어짐, 사랑의 생로병사를 계절의 변화와 자연의 소리를 통해 한 편의 영화에 담았다.

전작 〈8월의 크리스마스〉와 같이 일상성에 대해 사실적으로 표현하되 세트촬영을 하지 않았던 것도 특징이다. 전작이 전라남도 군산을 주된 무대로 삼았다면 〈봄날은 간다〉는 강원 강릉과 속초를 주된 무대로 삼는다.

봄의 끝자락, 〈봄날은 간다〉의 촬영지인 강원도를 찾았다. 영화는 강릉과 삼척에서 촬영됐는데 특히 삼척시 근덕면과 태백시 통리를 잇는 지방도 427번과 삼척에서 강릉으로 이어지는 국도 7번을 이용해 많은 분량이 촬영됐다. 영화 속 대숲에서 일렁이는 바람소리와 은은하고 청아한 풍경소리를 촬영한 곳은 삼척 신흥사다.

은수와 상우가 처음 만난 곳이자 사랑이 싹트게 된 장소 삼척은 서울 고속버스터미널에서 3시간 30분가량 버스를 타고 가면 도착한다. 햇살이 따스하게 내리쬐는 봄날, 인적 드문 삼척은 아직도 정겨운 시골의 냄새가 풍기는 조용한 마을이다.

신흥사까지 가는 버스는 하루 4번만 운행되기에 어쩔 수 없이 택시를 잡았다. 신흥사로 행선지를 요청하니 강원도에는 '신흥사'라는 이름의 절이 두 곳 있다고 한다. 하나는 강원 영동 북부 속초에 위치하고, 다른 하나는 영동 남부 삼척에 자리 잡고 있다. 속초에 위치한 신흥사는 비교적 많이 알려진 곳으로 삼국시대(652년, 진덕여왕 6년)에 지어진 고찰이다.

속초 신흥사는 향성사, 선정사 등 여러 이름으로 불려오다가 조선 중기에 이르러 '신의 계시를 받고 지어진 절'이라는 뜻으로 '신흥사(神興寺)'로 자리 잡아 오늘에 이르렀다. 보물 443호 향성사지 삼층석탑과 통일대불 등 속초 신흥사는 번창했던 과거 천 년의 흔적을 지니고 있는, 어느 정도 규모를 지닌 사찰이다.

반면에 삼척에 있는 신흥사(新興寺)는 비록 속초 신흥사보다는 규모가 작지만 그만의 충분한 매력을 지닌 특색 있는 절이다. 삼척 신흥사는 신라 민애왕 원년(838년)에 창건돼 지흥사, 광운사, 운흥사 등으로 불려오다 1821년(순조 21년) 신흥사로 이름을 고쳤다. 규모에서 풍겨 나오는 위압감보다는 아기자기한 정겨움이 있는 사찰이다.

이러한 매력을 지닌 덕에 삼척 신흥사는 강원도 내 사찰 중에서도 세 손가락 안에 들어가는 촬영지로 영화인들의 사랑을 받았다. 시골 마을 작은 신흥사에는 오랫동안 찾는 이가 많지 않는데 영화 〈봄날은 간다〉가 촬영된 후 사람들의 발길이 끊이지 않는다고 한다.

상우와 은수가 만나 사랑 싹튼 공간
대숲 일렁이던 삼척의 신흥사
물·새소리에 마음까지 평온해져…

삼척터미널에서 20㎞가량 떨어진 신흥사, 마읍천을 따라가면 대숲소리를 녹음한 촬영지가 보인다. 야트막한 산기슭에 자리 잡은 대나무 숲에 들어섰다. 대숲에서 이는 바람 소리에는 색깔이 있다는데 과연 어떤 소리를 들려줄까?

'쏴~ 쏴르르 쏴~' 대나무가 흔들리며 소리를 낸다. 대숲의 아늑함과 그 공간을 채우는 바람 소리. 대나무 사이로 스며드는 밝은 햇살과 잎과 잎이 부딪히며 내는 소리가 인상적이었다.

대나무 숲은
바람이 머무는 곳이라고 한다.

　요즘 유튜브(YouTube) 사용자가 확산됨에 따라 생겨난 용어가 있다.
ASMR이 그것인데 자율 감각 쾌락 반응(Autonomous Sensory Meridian
Response)이라 불리는 이것은 주로 청각을 중심으로 자극을 주어 심리적
안정감 및 쾌감 따위의 감각적 경험을 제공하는 것을 말한다. 주로 생활
속 자연스럽고 듣기 좋은 소리를 통해 심리적인 안정감을 주고 스트레스
를 완화해주는 것이다.

눈 내리는 산사의 풍경 소리를 담는 영화 〈봄날은 간다〉 속 장면

〈봄날은 간다〉는 ASMR와 같은 감각적 경험을 제공한다. 극 중 상우는
소리를 담는 직업을 가졌다. 이 영화가 아름다운 것은 영상미가 좋은 것도

있지만, 주인공의 직업 특성과 연관되어 나오는 소리가 주는 아름다움과 편안함이 있기 때문이기도 하다. 대나무 숲에 이는 바람소리, 눈 내리는 산사의 풍경소리, 계곡의 맑은 물이 흐르는 소리 등이 그러하다. 영화를 보며 힐링이 되는 것을 느낄 수 있다.

바람이 잠시 멈춘 순간에도 귀를 기울이면 귀를 녹이는 청명하고 시원한 바람 소리가 가슴속을 파고든다. 사찰의 풍경소리와 눈 내리는 소리를 녹음하기 위해 신흥사를 찾은 은수와 상우는 이곳에서 바람의 소리를 들으며 침묵한다. 눈을 감고 바람 소리에 집중하며 마음 깊은 곳에서 울려나오는 미묘한 파동에 귀 기울여봤다.

영화 속 계곡의 맑은 물이 흐르는 소리는 마읍천 근처 계곡에서 촬영했다. 신흥사 주변을 둘러보면 햇살이 비춰 반짝이며 윤기 나는 새싹과 계곡의 맑은 물소리, 새소리가 마음의 평온과 안정을 찾게 한다. 삼척은 예전에 탄광이 많아 좋은 물을 찾기 어려웠다는데 다행히도 이곳에는 산이 많아 맑은 물을 품고 있다. 맑은 물소리를 녹음할 때 상우는 은수가 허밍으로 부르는 '사랑의 기쁨'을 녹음기에 담고 또 마음 한 편에 담는다.

영화 속 촬영 현장을 직접 담았다.

신흥사

삼척의 산자락 밑에 아늑하게 자리 잡은 신흥사는 국내에 몇 안 남은 목조 사찰로 유명하다. 신흥사의 처마는 직선의 길이가 짧은 것이 특징인데 이는 추운 강원도 산자락에 위치해 있기 때문에 빛을 더 많이 받아들이기 위함이라고 한다.

또 하나 유명한 것은 오래 묵은 배롱나무다. 배롱나무(백일홍)의 빈속으로 소나무 씨가 날아와 자라 지금은 한몸이 되어 살고 있다는 바로 그 나무를 찾아 경내로 들어가니 그 전해부터 시작된 대웅전의 보수공사가 아직도 진행 중이다. 도색작업이 한창이라 안타깝게도 대웅전의 내부와 배롱나무는 볼 수 없었다.

대웅전을 중심으로 좌측에는 불제자들을 가르치는 설선당(說禪堂)이 있고 우측은 주지스님이 머무는 심검당(尋劍堂)이 있다. 설선당과 심검당은 강원도 문화재 자료 제108호로 지정된 곳이다. 심검이란 지혜의 칼을 찾는다는 뜻으로, 모든 고통의 원인을 지혜로 다스린다는 것이다. 심검당 한쪽에는 허 감독이 다녀갔다는 친필 사인이 걸려 있다.

설선당과 심검당

산내음을 맡으며 사찰 주변을 둘러보니 고즈넉한 분위기에 조용히 사색을 즐기기에 안성맞춤이다. 대웅전에 들어가는 대신 영화 속 대웅전에서 기도했던 은수를 떠올려 본다. 영화는 상우의 관점에서 진행돼 은수가 무엇을 기도했는지 알 수 없지만 이 장면에서 상우는 은수를 향한 사랑이 시작됐음을 알렸다.

설선당에서 상우는 하룻밤을 묵으며 눈 내리는 새벽, 바람의 소리를 녹음한다. 대웅전 처마 끝 청아한 풍경소리가 공간을 가득 메울 때 은수는 소리 없이 다가와 상우 옆에 앉는다. 그들에게도 사랑은 소리 없이 찾아왔고 어느새 서로에게 사랑이 스며들었다. 그렇게 20대 순수한 상우는 꿈같은 봄날을 보낸다.

"라면 먹을래요?"

이 유명한 대사는 그들의 공적인 관계가 사적인 관계로 발전하는 데 있어 중요한 대사이다. 사랑에 빠진 연인들은 장거리 연애를 시작한다. 늦은 밤, 상우는 보고 싶은 마음에 서울에서 강릉까지 한걸음에 달려온다. 어스름한 새벽, 은수는 상우를 기다린다. 푸른 새벽빛과 가로등 불빛이 어우러져 멋진 공간을 만들어낸다. 지구 어디라도 갈 수 있는 사랑의 힘, 가장 뜨거웠을 두 사람의 사랑이 잘 표현된 장면이다.

계절의 변화에 따라 사랑의 생로병사를 담는다.

상우는 자신에게 찾아온 봄날을 놓치지 않으려 노력하지만 노련한 30대 은수는 사랑의 콩깍지가 떨어지면 비로소 남는 건 현실뿐이라는 사랑의 속성을 잘 알고 있었다. 겨울에 만나 시작한 사랑은 봄이 지나면서 떠났다. 또다시 봄이 왔을 때 사랑의 기쁨은 슬픔으로, 상처는 추억으로 남았다. 세상에 변하지 않는 게 얼마나 있을까? 계절이 바뀌듯 사랑 역시 변한다. 〈봄날은 간다〉는 계절의 변화와 함께 사랑의 변화도 보여준다. 늦은 겨울부터 봄까지 사랑의 시작을 보여준다면 여름은 사랑이 변해가는 것을 담았다.

파도 소리 녹음한 맹방해수욕장
요동치는 연인들 권태기 보여줘
사라지는 것들의 허망함도 표현

영화에서 그들이 녹음한 파도 소리는 삼척 맹방해수욕장에서 촬영했다. 맹방해수욕장은 백사장이 넓고 수심이 얕아 삼척 제1의 해수욕장으로 불린다. 평화롭게 보이는 백사장이지만 동해바다를 대표하는 바다답게 파도는 역동적이다.

영화 〈봄날은 간다〉 속 촬영지는 삼척 맹방해수욕장,
사진은 삼척 증산동에 위치한 해수욕장이다.

신흥사의 대숲소리와 풍경소리가 이제 막 사랑을 시작하는 연인들의 마음을 표현했다면 맹방해수욕장의 거친 파도 소리는 마음에서 멀어지려 요동치는 연인들의 권태기를 보여준다.

사랑과 미움, 그리고 권태의 시간은 지나가면 유행가 속 가사처럼 남는다. 그리고 그때 당시의 유일한 징표는 기억밖에 없다. 치매 걸린 상우의 할머니도 〈봄날은 간다〉를 부르며 바람을 피워 마음 고생시킨 할아버지에 대한 기억 대신 젊었을 적 좋았던 시절만을 기억한다.

인간은 태어나서 주어진 시간 동안 희로애락을 경험하다가 사라질 수밖에 없는 존재다. 할머니의 죽음을 통해 계절이 변하듯 인생도 사랑도 모든 것은, 자연의 이치대로 흐른다는 것을 상우는 점차 깨닫게 된다.

"힘들지, 버스하고 여자는 떠나면 잡는 게 아니란다…"
- 영화 〈봄날은 간다〉 중에서

20대 청춘에게 다가온 봄은 짧은 만큼 긴 상실감을 준다. 은수는 사랑이 시작될 때 이미 알고 있었다. 사랑의 기쁨은 잠시지만 사랑의 슬픔은 영원한 것을. 또다시 찾아온 봄에 상우는 〈사랑의 슬픔〉이 녹음된 은수의 노래를 지우며 가슴에 묻는다.

〈봄날은 간다〉는 대숲에 부는 바람 소리와 산사의 풍경을 흔드는 바람 소리, 그리고 바다에 이는 파도 소리를 통해 사라지는 것들에 대한 허망함, 영원한 사랑은 없고 사랑은 변하기 마련이라는 잔인한 진실을 들려주며 관객들의 가슴을 설레게도 아프게도 했다. 올해도 우리는 꿈같던 봄날을 속절없이 보내고 있다. 봄날처럼 인생은 가고 사랑도 간다.

허 진 호 감 독

가부장 이데올로기·우연·운명 드러내···
결국 이루어지지 않는 사랑 '허진호식 멜로영화'

허진호 감독은 지난 1998년 영화 〈8월의 크리스마스〉로 데뷔하자마자 한국 멜로영화의 거장으로 떠올랐다. 〈8월의 크리스마스〉는 시한부 판정을 받은 한 남자와 20대 인생을 막 시작하는 여자의 이야기로, 그들은 서로에 대한 교감은 있지만 연인으로 발전하지 못하고 일정한 거리를 두다가 끝난다. 한국 최고 멜로영화 반열에 오른 작품이지만 사랑한다는 그 흔한 말도 없다. 그동안 한국 멜로영화의 공식에는 철저하게 위배된 영화다.

한국 멜로장르는 내용과 형식 면에서 전형적인 특징을 가진다. 예기치 않은 우연한 상황이 등장하고 곧이어 비극적인 사건이 일어나 관객의 눈물을 자아내게 하는 서사 양식이다. 배우들의 연기와 음악을 통해 관객의 비극적인 정서를 고양한다. 한국 멜로영화는 감정의 과잉으로 이해할 수 있다.

그러나 허 감독의 영화는 기존 멜로영화의 관습을 과감히 벗어던진다. 기존의 과잉과 대비되는 절제의 미학은, 진화한 현대적 멜로라는 평을 받는다. 이러한 차이 때문에 '허진호식 멜로영화'라는 새로운 수식어를 만들어냈다. 그의 작품에서는 기존 멜로영화와 달리 가부장적 이데올로기가 배제돼 있으며 주인공의 유형이 선과 악으로 명확하게 구분되지 않는다. 우연적이고 운명적인 인과관계도 배제됐다.

이러한 패턴은 2001년 영화 〈봄날은 간다〉에서도 볼 수 있다. 그동안 여주인공의 관점으로 서술되던 멜로 공식을 벗고 남주인공의 관점으로 일상에 대한 깊이 있는 성찰을 보여준다. 20년이 다 되어가는 지금까지도 "라면 먹을래요?", "어떻게 사랑이 변하니?"는 명대사로 회자되고 있다. 절제된 연출과 섬세한 심리묘사, 현실적이고 일상성에 기댄 대사 때문에 '허진호식 멜로'는 아직도 잔잔한 감동을 주며 우리를 매료시키고 있다.

"사랑은 변하지 않아.
단지 사람의 마음이 변했을 뿐이지."
- 영화 〈봄날은 간다〉 중에서

#02

순수와 허상 사이⋯
'롤러코스터 인생'의
처절한 날갯짓

추락하는 것은 날개가 있다

〈추락하는 것은 날개가 있다〉의 배경 서울·LA

영화 〈추락하는 것은 날개가 있다〉의 배경이 된 LA 외곽 산타모니카 공원.
야자나무 가득한 산타모니카 공원에서 촬영된 영화는
남국의 정취가 물씬 풍기는 이국적인 모습을 제공하고 있다.

<u>30년전 해외여행이 낯설던 때</u>

<u>LA · 뉴욕 · 파리 · 빈 등서 촬영</u>

<u>'베니스 여우상'의 강수연 주연</u>

<u>서울만 32만명 동원 흥행성공</u>

휴일이 많은 5월은 해외여행 성수기다. 한국은 인구 대비 출국자가 가장 많은 나라다. 1989년부터 해외여행 자유화가 시행되면서 이제 외유(外遊)가 일상적인 문화로 자리 잡았지만 불과 30년 전만 해도 그렇지 못했다. 해외여행이 생소했던 시기, 외국의 풍광은 영화를 통해서 대리만족할 수 있었다.

장길수 감독의 영화 〈추락하는 것은 날개가 있다〉는 해외여행 자유화가 시행되던 해, 서울을 시작으로 로스앤젤레스(LA), 뉴욕, 파리 그리고 오스트리아 빈에 이르기까지 세계를 돌며 촬영했다. 영화계 안팎의 높은 관심 속에 개봉된 영화는 서울에서만 관객 32만 명을 동원했다.

영화 뒷이야기를 듣기 위해 연출자인 장길수 감독을 만났다. 장 감독에 따르면, 영화는 1990년 설날 연휴에 맞춰 1월 26일 개봉했는데, 그날은 30

년 만에 폭설이 내렸다고 한다. 단관 개봉이던 시절이었다. 장 감독은 노심초사하는 마음으로 서울 을지로4가에 위치한 국도극장에 갔다. 영화를 보러 온 관객들이 폭설을 맞으며 길게 줄을 서 있었고, 그는 그 광경을 목격하면서 흥행을 예감할 수 있었다고 말한다. 〈추락하는 것은 날개가 있다〉가 해외 로케이션 영화로 주목을 끌고 성공을 이루자 그때부터 해외 촬영이 한국영화계에서 붐을 이뤘고 하나의 제작 경향으로 자리 잡았다.

영화 〈추락하는 것은 날개가 있다〉의 첫 촬영지였던 서울시립대를
장길수 감독과 함께 찾아 되돌아봤다. 장 감독은 극중 주인공 남녀가
캠퍼스에서 사랑을 키웠던 장면을 찍었던 것을 설명하며 감회에 젖었다.

<u>외골수의 고집불통 시골청년과</u>
<u>자유분방한 '팜므파탈'의 만남</u>
<u>시대 · 윤리 · 관습 탈피에 안간힘</u>
<u>쾌락 · 허영 속 비극적 사랑 그려…</u>

"우리가 함께했던… 우리의 쓸쓸한 사랑과… 현란한
추억에 어울리는 시… 추락하는 것은 날개가 있다."

형빈의 독백으로 시작하는 〈추락하는 것은 날개가 있다〉는 그가 과거를
회상하는 액자 구성을 따른다. 서울대 법학과에 입학한 임형빈(손창민)은
어느 날, 교정에서 우연히 마주친 서윤주(강수연)를 보고 매료된다. 고지식
한 형빈은 윤주의 과거사를 듣고 헤어지지만 다시 만나 동거 생활을 한다.
그러나 윤주 언니의 죽음에 이어 형빈 아버지의 상경으로 또다시 헤어지
면서 윤주는 언니가 살았던 미국으로 가고 형빈은 대기업에 취직해 결혼
하게 된다.

시간이 흘러, LA지사로 파견 간 형빈은 윤주와 재회해 새롭게 결혼생활
을 시작한다. 그러나 향락으로 재산을 탕진하고 공금까지 횡령하는 바람

에 해고된다. 뉴욕으로 옮겨 막노동하며 생활을 이어가지만 그마저도 부동산 사기를 당해 망가진다. 그에게서 희망을 잃고 삶이 지긋지긋해진 윤주는 도망치나 형빈은 기어코 윤주를 찾아낸다.

생을 끝내겠다는 절망으로 자신에게 총을 겨누는 형빈에게 윤주는 안간힘을 다해 말한다. 진심으로 사랑했었노라고…

젊은 날의 슬픈 초상을 보여주는 이 영화는 이문열 작가의 동명 소설이 원작이다. 1988년 자유문학사가 출간한 이 소설은 사랑에 집착하는 형빈이 자유분방한 윤주를 만나 파국으로 치닫는 과정을 그린 비극의 로맨스다. 이 작가는 오스트리아 출신의 여류 시인 잉게보르크 바하만의 시구에서 따온 '추락하는 것은 날개가 있다'를 제목으로 책을 발간했다.

당시 영화계의 세대교체를 이끌고 있던 장 감독은 이 소설이 일간지에 연재될 때부터 영화화할 것을 염두에 뒀다고 했다. 직접 각색을 맡은 그는 탁월한 연출력으로 영화의 완성도를 높였다. 당시 24세였던 배우 강수연의 연기도 한몫했다.

서윤주는 카르멘 같은 여자다. 여러 남자를 유혹하는 매력적인 외모와 집시 같은 자유분방한 성격, 미래보다 현재의 쾌락에 집착하다가 애인에게 죽임을 당하는 비극까지 겪는, 그런 복잡한 캐릭터를 펼쳐 보이는 강수연의 연기는 절묘했다.

장 감독의 회고에 따르면, 당시 강수연을 캐스팅하기는 쉽지 않았다. 베니스영화제와 모스크바영화제에서 여우주연상을 수상하며 인기가 워낙 높아진 탓이었다. 그럼에도 강수연이 이 작품에 응한 것은 결과적으로 잘한 일이었던 셈이다.

또 하나 재미있는 일화는 배우 최민식에 관한 것이다. 당시 조감독이 극단에서 연기 잘하는 무명의 최민식을 캐스팅했는데 배역의 비중은 그렇게 크지 않았다. 최민식은 미대생 역을 소화하기 위해 나름대로 설정해 많은 소품을 준비했지만 영화에 반영되지 못했다. 그는 서운한 마음에 술자리에서 장 감독에게 대들고 달아났다. 장 감독은 그런 열정이 지금의 배우 최민식을 있게 만들었다며 높게 평가했다.

영화 〈추락하는 것은 날개가 있다〉 속 장면과 포스터

영화 속 주인공들의 사랑과 미움은, 1970년대를 배경으로 20대부터 30
대까지 인생에 있어 가장 열정적인 시기, 롤러코스터를 타듯 오르락내리락한다. 그런데 생각해보면, 누구나 그렇지 않았던가. 그 시기에는 앞뒤 재지 않고 사랑을 위해 달린다. 불 속에 뛰어드는 불나방처럼… 살아온 날보다 살아갈 날들이 많은 청춘은 거침이 없다. 생각해보면 그럴 수 있다는 사실에서, 청춘은 축복이고 예찬할 만한 대상이다.

형빈과 윤주는 시대상황에서 도피하고 윤리와 관습, 도덕에서 벗어나려고 몸부림친다. 그들의 노력은 처절하고, 그래서 애처롭다. 서로를 불행으로 이끈 그들의 삶 속에서 죽음은 한 줄기 빛과 같다.

추락하는 것에 날개가 있어 다시 비상할 수 있다면
그것은 바로 죽음인 것이다.

아메리칸 드림을 좇던 1970년대를 전후로 펼쳐지는 두 연인의 비극적 삶은 서울과 미국이라는 공간으로 대조시킨다. 외골수 시골청년이 한 여성을 만나 사랑하는 과정이 서울에서 펼쳐진다. 대학캠퍼스, 도서관, 시골집은 순수하고 낭만적인 그들의 애틋한 사랑을 상징적으로 나타내는 공간이 된다. 반면 쾌락과 허영에 들떠 파국으로 치닫는 삶은 미국이라는 공간에서 그려진다.

미국 라스베이거스

영화 속 배경인 서울대의 실제 촬영지는 서울 동대문구 전농동에 위치한 서울시립대. 서울시가 설립해 운영하는 유일한 대학인 서울시립대는 최근 영화나 드라마 촬영지로도 인기가 높다. 학교 규모는 크지 않지만 요즘 대학에서 찾아보기 힘든 빨간 벽돌건물이 여러 동 있으며 학교를 관통하는 중앙로의 조경도 예쁜 것으로 소문났기 때문이다. TV 드라마 〈내일은 사랑〉(1992)과 〈아직도 결혼하고 싶은 여자〉(2010), 〈마이 프린세스〉(2011), 〈하이킥! 짧은 다리의 역습〉(2012), 〈오자룡이 간다〉(2013) 등이 촬영됐고 영화 〈7급 공무원〉(2009)도 이곳에서 촬영됐다.

장 감독은 첫 촬영, 즉 크랭크인을 이곳에서 했다며 감회를 드러냈다. 신록이 싱그럽게 피어나는 5월의 교정, 빨간 벽돌건물이 눈에 띈다. 이 건물은 형빈이 윤주를 보고 첫눈에 반하는 장면을 찍었던 장소. 윤주가 등나무 그늘 밑에 앉아 있었던 그 장소도 여전했다. 영화를 촬영했던 그때도 지금과 같은 계절이었다. 30년 만에 다시 찾은 촬영지는 건물들이 잘 보존돼 있어 캠퍼스의 낭만과 운치를 그대로 느낄 수 있다.

대학교가 배경인 만큼 다양한 공간이 등장하는데 도서관은 시립마포도 서관에서 촬영했고 윤주가 연극 공연을 했던 곳은 서울 종로구 운니동에 위치한 실험극장이다.

실험극장은 서울대, 연세대, 고려대의 연극부 출신들을 중심으로 1960 년에 창단한 민간 연극단체로 이순재, 오현경, 박정자, 윤석화, 송승환 등 잘 알려진 연극배우들이 이 극장을 거쳤다. 영화 속 실험극장은 1992년 운 현궁 복원사업으로 극장을 옮기기 전의 모습이다.

미국에서의 촬영은 LA와 라스베이거스에서 이뤄졌다. 장 감독은 지금 은 다양한 장소를 섭외할 수 있는 여건이지만 당시로서는 빠듯한 제작비 와 바쁜 일정 탓에 해외 촬영스태프를 최소한의 인원으로 꾸릴 수밖에 없 었다고 회고했다. 헌팅 장소도 섭외가 수월한 장소 위주로 진행됐다.

아름다운 풍경을 자랑하는 베니스 해변

극 중 형빈이 근무하던 지사는 LA 코리아타운에 위치한 한국일보와 중앙일보 LA지사에서 촬영했다. 뉴욕으로 건너가 야채가게에서 막노동하는 장면도 코리아타운에서 찍었다. 그 덕분에 영화를 보면 LA의 익숙한 장소들이 한눈에 들어온다. 다운타운과 코리아타운, 산타모니카와 베니스 비치가 그렇다. 특히 형빈이 공금을 횡령하고 발각돼 도망치는 장면은 야자나무가 인상적인 산타모니카 해변을 배경으로 한다.

영화 〈추락하는 것에는 날개가 있다〉 속 배경이 된
산타모니카 해변과 베니스 해변. 젊음과 자유를 상징하는 공간이다.

아름답기로 소문난 산타모니카 해변과 공원 그리고 베니스 해변은 영화의 주된 배경이자 촬영지였다. 산타모니카 해변은 야자나무가 줄지어 있어 남국의 분위기가 물씬 풍기는 이국적인 모습이다.

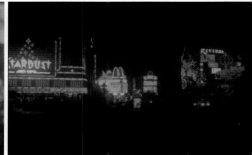

영화 〈추락하는 것에는 날개가 있다〉 속 배경이 된 LA 스타더스트 호텔 앞

윤주와 형빈이 조우한 라스베이거스에서의 촬영지는 스타더스트(Stardust)호텔이다. 1958년에 오픈한 스타더스트호텔은 빨간색과 파란색을 조화시킨 건물 외관으로 유명하다. 영화 〈라스베가스를 떠나며〉(1996), 〈카지노〉(1996), 〈쇼걸〉(1995) 등이 이 호텔을 배경으로 촬영됐다. 미국 중년층이 가장 사랑하는 호텔 중 하나이며 한국과도 인연이 깊다. 스타더스트 호텔 부사장이 라스베이거스 한인 회장이었던 재미교포 조길호 씨였다.

카지노 딜러들도 재미교포가 많아 한국 관광객들이 호텔을 자주 찾았고, 이 덕분에 촬영지를 스타더스트호텔로 섭외할 수 있었다고 장 감독은 상기했다. 스타더스트호텔은 2007년 3월 13일 새벽 불꽃놀이와 함께 폭발 해체됐고, 지금은 새로운 호텔이 들어서고 있는 중이다.

화려한 불빛의 라스베이거스는
전 세계 사람들이 좋아하는 대표적인 관광지로 발길이 끊이지 않는다.

윤주는 아메리칸 드림에 빠져 끝없이 미국을 동경하고 한국을 부정하고 경멸한다. 엘리트였던 윤주가 막연한 희망과 동경으로 미국행을 택한 후 낯선 타국에서 씁쓸한 최후를 맞을 수밖에 없었던 이유는 무엇일까?

1960~1970년대 경제적으로 힘들었던 시기, 아메리칸 드림을 꿈꾸며 미국으로 향했던 많은 한국인은 암울한 현실을 탈피, 한 번쯤 높이 날고 싶은 희망과 욕망이 있었다. 타국에서 밤잠을 아끼는 노력으로 어려움을 극복하고 뜻을 이룬 사람들이 실제로 있었기에 용기를 얻었다. 그러나 허황된 욕망과 허영에 들떠서 파멸의 길로 치닫고 좌절로 고통스러워하는 사람도 있었다.

큰 뜻을 품고 멋지게 창공을 날아 보고 싶은 욕망, 그러나 환상만 존재하고 현실성이 결여된 허황된 날갯짓은 비참한 추락을 만든다. 영화는 시원하게 펼쳐진 미국 서부의 모습과 이국적인 풍경을 보여주면서 아메리칸 드림의 허상을 일깨우는 주제의식을 담아냈다.

장 길 수 감 독

1980년대 한 · 미 관계 재조명하며 '주목'
해외 로케이션 촬영 시도로 영화계 활력

정치적으로 자유롭지 못했던 1980년대 초반 한국영화는 대중의 기호와 동떨어져 있어 관객들로부터 외면받아야 했다. 1985년 영화법이 개정되며 영화제작의 자유화가 실현되는 듯했지만 이후 미국의 통상압력으로 빚어진 미국영화 직배는 한국영화계를 더욱 위축시켰다.

장길수 감독은 1980년대 한국인의 삶 속에 들어온 미국과의 관계를 집중적으로 재조명하며 주목받았다. 1985년 데뷔작인 〈밤의 열기 속으로〉는 미군부대 기지촌을 중심으로 젊은이들의 방황과 일탈, 좌절을 그렸다. 이 영화로 장 감독은 대종상 신인감독상을 수상하며 활발한 작품 활동을 이어갔다.

1988년 〈아메리카, 아메리카〉, 1993년 〈웨스턴 애비뉴〉에서는 낯선 타국에서 받아야 했던 차별과 편견으로 상처받고 방황하는 한국인의 고단한 삶을 선명하게 짚어냈다. 1990년 〈추락하는 것은 날개가 있다〉에서 그는 한국인 미국 이민자들이 겪는 애환과 아메리칸 드림의 허상을 짚어내며 사회성 짙은 영화를 만들었다. 1991년 〈은마는 오지 않는다〉에서는 미군과의 관계 속에서 정체성의 혼란을 겪는 한국인의 모습을 설득력 있게 그려냈다.

그는 침체에 빠진 한국영화계에 신선한 바람을 불어넣은 새로운 주자 역할을 했다. 장길수를 비롯해 이명세, 박광수, 신승수 등 창의력이 왕성하고 의욕에 찬 당시 30대 감독들은 신선한 감각과 개성 있는 영상을 앞세우며 자신의 입지를 넓혔다.

그리고 이 시기 활동한 젊은 감독들은 기성세대들과의 세대교체를 촉진시켰다. 특히 장 감독은 해외 로케이션 촬영을 통해 흥행과 함께 한국영화의 국제화에 기여했다는 긍정적인 평가도 받는다. 그의 시도는 한국영화 제작에 활력을 불어넣었고 1990년대에 역량 있는 후배 감독들이 등장할수 있는 토대가 됐다.

장 감독은 문학 작품의 해석 능력 또한 탁월해 각색 작업에 대부분 직접 참여했다. 문학 작품을 영화화하면 실패한다는 우려와 달리, 그의 영화는 대중에게 소구하는 재미를 담아내면서도 예술적 완성도에서도 높은 평가를 받았다. 그 덕분에 〈추락하는 것은 날개가 있다〉는 대종상 최우수작품상과 감독상 등 7개 부문 수상과 청룡영화상 각본상 및 백상예술대상 인기상 수상의 영광을 얻었다. 〈수잔 브링크의 아리랑〉은 청룡영화상 각본상, 〈은마는 오지 않는다〉는 춘사영화상 각본상과 몬트리올영화제 각본상을 수상했다. 〈나는 소망한다, 내게 금지된 것을〉, 〈실락원〉, 〈초승달과 밤배〉 등도 문학 작품을 효과적으로 영화화한 작품이다.

"우리가 함께했던… 우리의 쓸쓸한 사랑과… 현란한 추억에 어울리는 시… 추락하는 것은 날개가 있다."
- 영화 〈추락하는 것은 날개가 있다〉 중에서

#03

아름답고도 슬픈
'언약의 장소'…
그들의 사랑은 여전히 빛난다

약 속

〈약속〉의 명소 전주 전동성당

영화 속 전동성당 (자료제공 : 명필름)

<u>과거와 현대가 조화를 이루며</u>

<u>흥(興)과 예(禮)를 고스란히 품고 있는 도시</u>

<u>호남지역 최초의 로마네스크 양식의 건축물은</u>

<u>그들의 사랑을 더욱 빛나게 만들어…</u>

이장호 감독을 비롯한 영화인들과 함께 전주영화제에 참석했다.

유난히 청명했던 5월, 봄의 정취를 느끼며 전주로 향했다. 전주는 매년 봄이면 전주국제영화제에 참석하기 위해 찾는 도시다. 전주에서 볼 수 있는 다양한 영화제도 관람하고 영화축제를 즐길 수 있기 때문이다. 이번에도 영화제에 참석도 할 겸 또한 평소에 가보고 싶었던 영화 속 촬영지를 보기 위해 전주를 찾았다.

2000년에 출범한 전주영화제는 한국의 주류영화제에서 비교적 대안실험영화의 성격이 있지만 관객들의 참여를 높이고 지역의 다양한 축제 기간과 연계해 모두 즐겁게 즐길 수 있는 축제로서의 성격이 강하다. 영화제를 찾아온 타 지역의 관객들은 영화 관람은 물론 다양한 축제를 함께 즐길 수 있다. 전주의 맛있는 음식을 찾아서 먹는 재미도 만끽할 수 있다.

광활한 고속도로 옆에는 넓은 호남평야가 펼쳐져 있다.

서울~전주 간 고속도로를 달리다 보니 높은 하늘과 막힘없이 시원하게 펼쳐진 들판이 한눈에 들어온다. 우리나라에서 유일하게 지평선을 볼 수 있다는 호남평야에 들어선 것이다. 그 경관을 조금 더 감상하기 위해 무작정 고속도로를 빠져나갔다.

벼가 초록빛으로 물들어 있는 호남평야에는 광활함과 풍성함이 넘쳐흐르고 있었다. 백제의 마지막 수도이며 조선왕조의 발상지인 전주는 옛 정취가 고스란히 보존돼 있어 마치 고향에 온 것처럼 마음이 평온했다.

전주에는 선조 때 지어진 전주향교와 이성계의 어진(왕의 초상화)이 모셔진 경기전, 전형적인 상류층 가옥구조를 보여주는 민속자료 제8호인 학인당 등 많은 문화유적이 있다. 조선시대 전주성의 남문이었던 풍남문을 보면서 당시의 전주가 서울 못지않았다는 것을 짐작할 수 있었다.

선조 때 지어진 경기전에는 이성계의 어진이 모셔져 있다.

경기전에 가면 관광객들의 발길이 끊이지 않는다.
많은 관광객들이 한복을 차려입고 휴일을 즐기고 있다.

　과거와 현대가 조화를 이루는 도시, 온전한 고을이라는 뜻을 품고 있는 전주(全州)는 영화인들이 사랑하는 도시다. 실제로 많은 영화가 전주에서 촬영됐다. 전주가 영화의 도시가 된 배경은 민족의 흥(興)과 예(禮)를 고스란히 품고 있기 때문이다.

　또한 문화와 예술이 융성할 수밖에 없는 지리적 여건도 갖추고 있다. 이 지역은 우리나라 최대의 곡창지대를 접하고 있으며 서쪽으로는 서해안의 풍부한 해산물이 있고 동쪽으로 무안, 진안, 장수의 산림자원이 있다. 풍부한 농수산물이 문화와 예술을 발달시킬 수 있는 여유를 만들어주었다고 할 수 있다.

문화·예술의 도시 전주

한국의 많은 영화들이 전주에서 촬영

세계적인 영화 〈기생충〉도 촬영돼

전주 한옥마을

전주에서 촬영되는 영화들은 세트를 제작할 수 있는 영화제작소에서도
촬영되지만 많은 영화들이 한옥마을과 전동성당 그리고 경기전 등을 배경
으로 촬영됐다.

전주에서 촬영된 영화는 많지만 대표적으로 최동훈 감독의 〈전우치〉와 추창민 감독의 〈광해, 왕이 된 남자〉, 우민호 감독의 〈남산의 부장들〉 등을 꼽을 수 있다. 최근 칸영화제 황금종려상과 아카데미 4관왕을 수상한 봉준호 감독의 〈기생충〉은 60% 이상 전주영화제작소에서 촬영됐다.

그러나 뭐니 뭐니 해도 예향(藝鄕)의 도시, 전주를 알리고 명소를 소개한 영화는 1998년 개봉된 김유진 감독의 영화 〈약속〉이라 할 수 있다.

영화는 조직폭력배 두목인 공상두(박신양)가 중상을 입고 병원으로 실려 오면서 시작된다. 담당의사 채희주(전도연)는 붕대를 풀자 드러난 상두의 맑은 얼굴에 설렘을 느낀다. 상두 역시 희주를 사랑하게 되고 퇴원 후, 끈질긴 구애 끝에 두 사람은 연인으로 발전하지만 반대파와의 싸움에서 살인을 한 상두는 경찰의 추격을 받게 된다. 결국 자수를 결심하고 성당에서 영원한 사랑을 맹세하며 결혼식을 한 뒤 상두는 희주를 떠난다.

"당신께서 저한테 '네 죄가 무엇이냐'고 물으신다면,
이 여자를 만나고 사랑하고 혼자 남겨두고 떠난 게
가장 큰 죄일 것입니다."

상두와 희주는 텅 빈 성당으로 들어가 영원한 사랑을 맹세하며 둘만의 슬픈 결혼식을 진행한다. 개봉과 함께 큰 화제를 낳았던 영화 〈약속〉의 명장면이기도 하다. 배우 박신양이 했던 영화 속 대사들은 관객들의 사랑을 받으며 여러 매체에서 패러디되었고 아직까지도 회자되고 있을 정도로 파급력을 가지고 있다.

〈약속〉은 여의사와 조직폭력배 두목의 비극적인 사랑이야기를 그린 신파성이 강한 멜로드라마로 관객들의 큰 공감을 불러일으키며 1990년대 후반, 한국 멜로 영화의 흥행을 이어간 대표적인 작품이다.

영화의 명장면이 촬영된 전동성당으로 발걸음을 옮겼다. 경기전을 지나면 나오는 전동성당은 서울 명동성당, 대구 계산동성당과 함께 우리나라 3대 성당으로 꼽힌다. 그중에서도 전동성당은 우리나라에서 가장 아름다운 성당으로 알려져 있다.

영화 〈약속〉의 주요 장면 촬영지인 전주 전동성당은 호남지역 최초의
로마네스크 양식 건축물로 사적 제288호로 지정돼 있다. 규모가 크고
외관이 아름다워 영화 및 드라마의 촬영지로 자주 이용되고 있다.

회색과 적색 벽돌을 이용해 지은 건물의 겉모습과 비잔틴 양식과 로마네스크 양식을 혼합한 아름다운 건축물로 장방형의 평면에 외부는 벽돌로 쌓았으며 중앙과 좌우에 비잔틴 양식의 종탑이 있다. 내부 천장은 아치형이고 양옆의 통로 위 천장은 십자 형태로 교차된 아치형이다. 전동성당은 〈약속〉의 촬영지로 알려지면서 유명해졌고 현재는 전주 여행에서 결코 빠지지 않는 관광명소로 자리 잡았다.

관광객들에게 전동성당은 꼭 들러야 하는 필수 코스이고, 사진을 찍는 작가들에게는 꼭 찾는 출사지이기도 하다. DSLR(digital single-lens reflex, 디지털 일안 반사식 카메라)가 유행하던 2000년대, 사진 동호회에서도 출사지로 이곳을 몇 번 방문했던 경험이 있다. 호남지역에서 최초로 지어진 로마네스크 양식 건물 1호에 맞게 전동성당은 규모가 크고 외관이 빼어나게 아름답다.

영화에서 상두와 희주의 결혼식이 진행됐던 성당 내부의 중앙과 좌우의 비잔틴 양식 종탑들이 조화를 이루면서 웅장함을 내뿜고 있다. 또한 둥근 천장과 스테인드글라스는 유럽의 여느 성당 못지않으며 외장은 화강암 기단 위에 붉은 벽돌로 이뤄져 있는 것이 특징이라 할 수 있다.

전동성당은 건축물로서 아름다울 뿐만 아니라 사적으로도 의미가 깊은 유적지다. 사적 제288호로 지정된 전동성당은 천주교회사에 기록된 순교지 중의 하나로 조선시대 천주교 신자들을 사형했던 전주시 전동 풍남문 밖에 지어진 성당이다.

1791년에 로마 가톨릭 교회사에서 우리나라 최초의 순교자로 알려져 있는 윤지충, 권상연과 1801년에 호남지역 첫 사도였던 유항검, 윤지헌 등이 이곳에서 박해를 받고 처형됐다. 이들의 순교를 기리고자 1891년에 프랑스 보두네 신부가 부지를 매입하고 서울 명동성당을 설계했던 프와넬 신부가 설계를 맡아 1914년에 완공됐다. 처음에는 순교지였던 전주성의 남문인 풍남문 밖에 세워졌지만 이후에 확장해서 현재의 자리로 옮겼다.

호남지역 최초의 로마네스크 양식의 성당이며 사용된 일부 벽돌은 당시 일본 통감부가 전주읍성을 헐면서 나온 흙을 사용했고 풍남문 인근 성벽에서 나온 돌로 주춧돌을 삼았다고 한다.

본당 옆에 위치한 사제관은 본당을 세운 뒤 2대 주임신부였던 라크루 신부가 1926년에 건축했다. 전주 전동성당과 사제관은 당시의 건축기법을 살필 수 있는 중요한 문화재이며 역사적 가치가 큰 근대 건축물이다.

전동성당 앞에는 천주교 신자들이 박해를 받고 처형되는 조형물이 있다.

영화가 흥행에 성공했던 배경은 감독의 연출도 한몫했다. 영화 〈약속〉
은 작가 이만희의 희곡 「돌아서서 떠나라」를 각색한 것인데 김유진 감독
은 단조로운 희곡의 시간 전개를 바꾸어 관객들의 공감대를 이끌어냈다.
원작 「돌아서서 떠나라」는 수녀가 된 희주가 교도소에서 사형 집행을 기

다리고 있는 공상두를 면회 가는 장면으로 시작한다. 현재에서 과거로 역행하는 시간 구성으로 된 작품으로 급박한 사건의 전개나 갈등의 고조를 통한 긴장감보다 끊임없는 대사를 통해 극을 진행시킨다. 반면에 김 감독은 희주와 상두의 만남과 헤어짐까지 시간적인 순서대로 연결시키면서 클라이맥스 장면인 비극적인 결혼식을 올리는 상황까지 도달하기 위한 여정에 초점을 맞췄다.

또한 스웨덴 출신의 여가수 예시카 폴케르(Jessica Folcker)가 부른 노래 〈Goodbye〉는 멜로 영화 장르를 더욱 빛냈으며 한동안 이 영화의 OST는 선풍적인 인기를 얻기도 했다.

배우들의 열연 또한 큰 역할을 했다. 박신양과 전도연 그리고 정진영의 연기는 관객들의 공감을 불러일으킨 것은 물론 감동을 주며 많은 영화제에서 수상하는 영광도 누렸다. 1998년 제19회 청룡영화상에서 박신양은 남우주연상을, 그리고 정진영은 남우조연상을 수상했으며 전도연은 1999년 제22회 황금촬영상 인기상을 수상했다. 또한 1999년 제7회 춘사영화제에서 박신양은 남자연기상을 받기도 했고 정진영은 1999년 제36회 대종상 남우조연상을 수상했다.

신파적 클리셰를 세련되게 표현
관객의 공감대를 살려 극복

"다른 여자 만나는 것만이 배신이 아니야,
네 마음속에서 날 제껴 놓는 것도 나한테는 배신이야,
상두야, 네 마음속에서 나를 지우지 마, 약속해줘…"
– 영화 〈약속〉 중에서

〈약속〉은 신파 클리셰가 많다는 지적이 있었지만 비록 신파물이라고 할지라도 관객의 공감대를 살 수 있다면 얼마든지 좋은 작품이 될 수 있다는 것을 보여준 작품이다. 두 주인공을 통해 그들이 보여준 사랑의 진정한 의미는 무엇인지 되새기게 하는 영화 〈약속〉은 시간이 지나도 그때의 감동이 잊히지 않는 영화로 기억되고 있다. 그리고 그들이 영원한 사랑을 약속했던 전주의 전동성당 역시 우리의 뇌리에서 지워지지 않는 아름다운 명소로 가슴속 깊이 남아 있다.

김유진 감독

장르 넘나들며 '30년 연출열정'
관객·평단 호평 동시에

1986년 블랙코미디 〈영웅연가〉를 시작으로 영화를 만들기 시작한 김유진 감독의 열정은 아직도 식지 않았다. 그는 코미디, 액션, 스릴러, 멜로, 아동물, 성인물까지 장르의 경계를 구분하지 않고 연출에서 손을 놓지 않고 있다.

김 감독에게 좋은 영화란 관객들이 지루해하지 않고 끊임없이 스크린에 집중하게 만드는 영화를 의미한다. 그는 재미있는 시나리오를 보면 장르를 불문하고 영화를 만들고 싶은 욕망이 되살아난다고 말한다. 이 때문인지 그가 만든 작품들은 대부분 관객과 평단의 사랑을 동시에 받고 있다.

또한 김 감독의 영화는 작품성을 인정받아 각종 영화제에서 수상을 이어갔다. 그의 대표작 중 하나이며 페미니즘 논의를 촉발하기도 했던 영화

〈단지 그대가 여자라는 이유만으로〉는 1991년 제29회 대종상영화제에서 우수작품상과 각본상을 수상했다. 당시 수려한 외모와 연기력으로 대중의 인기를 한몸에 받던 이영하와 원미경에게 각각 남우주연상과 여우주연상의 영광을 안겨주기도 했다.

1993년 제14회 청룡영화상에서는 어린이를 대상으로 한 가족영화인 〈참견은 노, 사랑은 오예〉로 감독상을 수상했다. 1996년 제34회 대종상영화제에서는 시인 이상과 화가 구본웅, 기생 금홍의 사랑을 그린 영화 〈금홍아 금홍아〉로 신인여우상, 미술상, 의상상 수상 등 3관왕의 영예를 누리기도 했다. 이 작품은 개봉 당시 파격적인 노출로 화제를 모으기도 했다.

김 감독은 영화 〈약속〉에서 여의사와 조직폭력배 두목의 안타까운 사랑을 그려 신파영화의 영역을 넓히며 흥행에 큰 성공을 거두기도 했다. 최근 그는 또 다른 장르에 도전, 전쟁영화를 준비 중이다. 김 감독의 영화에 대한 열정은 지금도 진행형이다.

"당신께서 저한테 '네 죄가 무엇이냐'고 물으신다면,
이 여자를 만나고 사랑하고 혼자 남겨두고 떠난 게
가장 큰 죄일 것입니다." - 영화 〈약속〉 중에서

제3막

과거를
간직한
도 시

#01

'과거'를 간직한 도시…
전통윤리에 발 묶인
'애틋한 사랑'

사랑방 손님과 어머니

〈사랑방 손님과 어머니〉의 촬영지 수원 행궁동

역사와 문화의 도시 수원
고풍스러움을 그대로 간직한 행궁동
그곳에서 만난 영화
〈사랑방 손님과 어머니〉

역사와 문화의 도시 경기 수원시, 그중에서도 행궁동은 조선 정조 때의
건축양식을 그대로 볼 수 있어 국내외 관광객이 많이 찾는 곳으로도 유명
하다. 왕이 본궁을 떠나 잠시 머물던 행궁(行宮)인 화성(華城)은 220년 전에
축성됐음에도 불구하고 성곽이 거의 원형 그대로 보존돼 있을 뿐만 아니

라, 북수문(화홍문)을 통해 흐르던 수원천도 그때와 같이 흐르고 있다.

　팔달문과 장안문, 화성행궁과 창룡문을 잇는 가로망 또한 현재에도 주요 골격을 유지하고 있어 당시의 모습을 그대로 느낄 수 있다. 수원 화성은 이렇듯 과거의 고풍스러움을 그대로 간직한 채, 우리로 하여금 과거로의 시간 여행을 재촉한다.

신상옥 감독의 영화 〈사랑방 손님과 어머니〉의 촬영지인
수원 북수문(화홍문)과 방화수류정 전경

행궁동의 하늘은 유난히 낮다.
머리를 맞대고 늘어선 건물들이
키를 재기라도 하는 듯,
아이들처럼 올망졸망 귀엽게 늘어서 있다.

 화성은 1997년 유네스코 세계유산으로 지정되면서 행궁동 주변은 과거를 보존하기 위해 개발이 제한되었으나 주민들과 지역 예술가들이 뜻을 모아 골목골목마다 서로 다른 이야기와 특색을 지닌 수원을 대표하는 문화거리로 재탄생시켰다.

 행궁동 일대는 신상옥 감독의 영화 〈사랑방 손님과 어머니〉 촬영지로도 유명하다. 1961년 신 감독은 주요섭이 1935년 조광(朝光) 창간호에 발표한 단편소설 『사랑손님과 어머니』를 영화화했다. 이 작품은 1930년대 일제 강점기를 배경으로 하고 있으나 거친 역사보다 당시 우리 고유의 풍습과 시대상에 초점을 맞췄다. 여섯 살 난 옥희의 눈을 통해 비친 어른들의 애틋한 감정을 순수하게 그리며 사랑의 상상력을 한층 증폭시킨다.

 이 영화는 시어머니(한은진)와 청상과부인 며느리 정숙(최은희)이 살고 있

는 시골의 명문가에 서울에서 내려온 죽은 남편의 친구인 화가 한선호(김
진규)가 찾아와 사랑방에 머물게 되면서 시작된다.

선호와 정숙은 어린 딸 옥희(전영선)를 사이에 두고 조금씩 사랑의 감정
을 만들어가지만 당시 수절해야 하는 관습을 거스를 수 없었던 정숙은 선
호의 구애를 거절한다. 결국 시어머니는 선호를 서울로 돌려보내게 되고
정숙은 뒷산에 올라가 애틋한 마음으로 선호가 탄 기차가 사라질 때까지
그 모습을 지켜본다.

〈사랑방 손님과 어머니〉의 주 촬영지는 팔달구 행궁로에 위치한 한옥이
다. 현재까지도 잘 보존돼 있는 이 한옥은 1937년 지어진 전통가옥으로,
한국 영화 역사의 한 축으로서 보존가치가 높은 건물로 인정받고 있다.

영화 속에 등장했던 대문의 왼쪽, 즉 사랑방 손님과 식모가 드나들던 출
입구는 다소 변형돼 있긴 하지만 선호가 정숙을 내다봤던 창문과 정문 등
의 외형은 촬영 당시 그대로 유지돼 있다. 그리고 건물 벽면에는 영화 〈사
랑방 손님과 어머니〉의 촬영지임을 알리는 현판이 붙어 있다.

수원 팔달구 행궁로에 위치한 전통한옥에는 영화 〈사랑방 손님과 어머니〉 촬영지임을 알리는 현판이 붙어 있다. 촬영지는 현재까지 보존되고 있다.

그리움의 장소, 화홍문 언덕
지금까지 그대로 보존돼…

신 감독은 이혼과 재혼이 자유로울 수 없었던 시절, 원작에서 보여준 한국의 보수적인 윤리를 비판적으로 되새기며 그 속에 담긴 전통적인 여인상을 아름답게 그려냈다. 이 영화에서 선호와 정숙은 사회적 관습과 통념 때문에 다른 사람들의 시선이 두려워 자유롭게 사랑을 나누지 못했다.

그뿐만 아니라 당시에는 봉건적이고 유교적인 사상의 잔재가 남아 있었기 때문에 재혼을 두려워했다. 신 감독은 주인공들을 통해 그릇된 사회적 통념이 개인의 삶과 행복을 얼마나 억압하는지를 보여줬다.

배우 최은희 또한 이 영화에 특별한 애정을 가지고 열연했다. 그 배경에는 신 감독과의 재혼도 영향을 미쳤던 것으로 보인다. 최은희는 1947년 영화 〈새로운 맹서〉로 은막에 등장했다. 당시 영화 촬영감독이었던 김학성과 결혼한 뒤 이혼한 그는 1954년 신 감독과 재혼했다.

당시 사회관습을 고려하면 최은희는 신 감독과 재혼하면서 사회의 보수적인 시선을 피할 수 없었을 것이다. 그러나 그는 〈사랑방 손님과 어머니〉에 출연해 수절하는 한국의 전통적인 여인상의 표본으로 높이 평가됐고, 국내는 물론 동양을 대표하는 여배우로 각인됐다.

인터뷰를 통해 최은희는 본인의 아이디어로 사랑방 손님과 어머니가 멀찍이 떨어져 걸어가고 그 사이를 옥희가 오가는 장면을 연출했다고 말하며 영화에 대한 애착을 나타냈다. 이러한 설정으로 두 주인공이 서로 쑥스러워하며 감정을 숨길 때, 순수한 아이가 사랑의 징검다리 역할을 하도록 했다고 밝혔다.

영화에 자주 등장하는 한데우물(집 울타리 밖에 있는 우물) 또한 보존돼 있다. 한옥과 불과 20m 떨어져 있는 우물가는 작품 속에서 식모가 계란 장수를 처음 맞이한 장소이자, 옥희가 사라지자 정숙이 옥희를 찾으러 다니던 중 우물 속을 살펴봤던 곳이다. 그리고 정숙의 거절에 힘들어하던 선호가 술을 마시고 들어온 밤에 두 사람은 우물가에서 단 한 번의 포옹을 하기도 했다. 또한 마을 아낙들이 한데 모여 이야기꽃을 피울 때 시어머니가 선호에 대한 나쁜 소문을 듣고 서울로 보내는 계기가 됐다. 한데우물은 한때 소실됐지만 지금은 외형만 복원된 상태로 유지되고 있다.

영화 〈사랑방 손님과 어머니〉에 자주 등장하는 한데우물

화홍문도 영화 속 촬영 장소다. 사랑방 아저씨와 옥희는 금방 친해져서 뒷동산에 놀러 가고 돌아오는 길에 옥희 친구들을 만나게 되는데, 친구들은 옥희에게 아버지가 없다는 사실을 알고 놀린다. 옥희는 사랑방 아저씨에게 아버지가 돼줬으면 좋겠다고 말하는데 이 장면이 촬영된 곳이 팔달구 북수동에 위치한 화홍문 주변 일대다.

옥희와 사랑방 아저씨가 그림을 그리던 곳은 화홍문 동쪽 언덕 위에 위치한 방화수류정(동북각루)이라는 정자(亭子)이며, 옥희가 친구들을 만나 이야기 나누는 곳은 그 옆 북암문이다.

화홍문은 영화 속에서 꽤 자주 등장한다. 정숙이 사라진 옥희를 찾으러다닌 곳도 화홍문이며 옥희와 친구들이 놀이터 삼아 놀던 곳도 이곳이다. 화홍문의 수문을 통해 흐르는 수원천을 사이에 두고 정숙과 선호는 서로를 향해 애틋하게 바라보며 마음을 나눈다. 무엇보다 영화 마지막 장면에서 정숙이 선호를 떠나보내며 그리움에 사무쳐 하는 장면도 화홍문 주변 언덕에서 촬영됐다. 화홍문 바깥이 서울 방향인데 정숙과 옥희는 서울로 떠나는 아저씨를 바라보며 오랫동안 서 있었던 것이다.

화홍문은 수원천의 범람을 막아주는 동시에 방어적 기능을 갖춘 수문으로 화강암으로 쌓은 다리 위에 지은 문이다. 7개의 수문을 통하여 맑은 물이 넘쳐흘러 물보라가 생길 때면 햇살 사이로 생겨난 무지개가 화홍문을 한층 더 아름답게 만든다.

방화수류정

<u>사회적 관습과 통념에 맞선 삶,</u>
<u>봉건윤리에 저항하고 자유분방한 삶을 추구한</u>
<u>신 감독의 영화관에서 비롯된 작품</u>

주요섭은 사랑을 통해 불합리한 사회관습과 제도를 비판하려 했다.

　당시의 사회적 제도와 관습은 『사랑손님과 어머니』, 『아네모네의 마담』 그리고 『첫사랑 값』 등 일련의 연애소설을 통해 잘 드러난다. 그는 작품에서 유교적이고 가부장적인 사고방식과 편견이 개인의 행복을 얼마나 억압하는가를 보여줬다. 〈사랑손님과 어머니〉에서 옥희의 어머니는 기독교 신자였으나 과부의 재가를 금지하는 유교 관습을 떨치지 못했다. 주요섭 역시 유학 중에 사랑하는 사람을 만났지만 상대가 조선인이 아니었다는 것과 조국이 처한 식민지 현실 때문에 헤어져야만 했다.

　주요섭은 자신의 작품이 사랑을 주제로 했기 때문에 애정소설 작가 또는 통속소설 작가로 그릇되게 알려져 있지만 실제로 그는 사랑을 통해 사회관습과 제도를 비판하고 새로운 가치관을 세우고자 한, 사회의식이 강한 작가였다.

신 감독이 주요섭의 소설을 택한 이유도 같은 맥락에서 이해할 수 있다. 그가 연출한 많은 영화에서 신 감독은 현대와 과거의 경계에서 갈등을 빚어내는 전통 윤리의 부당함을 드러내고자 했다. 신 감독 자신이 유교적인 가치관을 저버리지는 못했지만 봉건 윤리에 저항하고 자유분방한 삶을 추구했던 것은 그의 영화관에서 비롯된 것이었다.

〈사랑방 손님과 어머니〉는 단편소설을 각색해 만든 문예영화의 가작(佳作)이면서 동시에 신 감독의 영화미학과 삶의 가치관이 두드러지는 작품이라 할 수 있다. 이 영화를 통해 어찌 보면 자신의 이야기를 하는 듯이 보이는 것도 이와 무관하지 않다.

수원 화성은 정조가 세운 조선 후기 최대 신도시다. 고통 속에서 죽어가던 아버지 사도세자의 최후를 열한 살 때 목격한 정조는 당시의 충격에서 벗어나지 못하고 평생을 아버지의 명예 회복을 위해 노력했고, 그 과정에서 탄생한 곳이다. 1789년 건립된 화성행궁은 국내에 있는 행궁 중에서도 규모나 기능 면에서 단연 으뜸으로 꼽히는 대표적인 행궁이며 일제강점기에 일제의 우리 민족 문화 말살 정책으로 사라졌다가 복원됐다.

220년 전 행궁이 잘 보존된 덕분에 행궁동 일대는 최근에도 영화촬영지로 큰 인기를 누리고 있다. 홍상수 감독의 영화 〈지금은 맞고 그때는 틀리다〉는 화성행궁을 비롯해 이곳 카페와 문화거리에서 촬영됐다. 곽재용 감독의 영화 〈클래식〉도 수원에서 촬영했고, 김하늘, 강지환 주연 영화 〈7급 공무원〉 역시 수원 화성과 장안문을 촬영지로 삼았다. 2015년에는 이준익 감독의 영화 〈사도〉가 관객들에게 큰 인기를 얻으면서 정조와 수원화성, 행궁 등이 다시 한 번 조명을 받았다.

수원 행궁은 220년 역사 속에서도 잘 보존된 덕분에
영화 및 드라마 촬영지로 큰 인기를 누리고 있다.

사회적 관습과
개인의 행복 사이에는 어떠한 관계가 있을까?

〈사랑방 손님과 어머니〉와 같이 둘 중 하나를 선택해야 한다면 우리는 무엇을 선택해야 할까? 사회적 관습과 통념도 중요하겠지만 개인의 자유와 행복 또한 무시할 수는 없다. 녹음이 짙어가는 6월, 행궁동에서 만난 〈사랑방 손님과 어머니〉는 자칫 통속적으로 보일 수 있는 사랑 이야기를 통해 진지한 질문을 우리에게 던지고 있다.

영화 〈사랑방 손님과 어머니〉

<u>주요섭 단편소설 영화화</u>
<u>한국 문예영화의 대표작</u>

문예영화란 문학의 원작을 영화로 만들어낸 예술영화로 주로 서정적인 근대 단편소설을 바탕으로 제작된다. 우리나라 문예영화는 1950년대 〈자유부인〉과 〈오발탄〉으로 시작됐으나 본격적인 붐은 1960년대 신상옥 감독에 의해 주도됐다.

심훈의 『상록수』, 이광수의 『꿈』, 나도향의 『벙어리 삼룡』과 주요섭의 『사랑손님과 어머니』가 영화화되면서 대중성을 인정받았고 특히 〈사랑방 손님과 어머니〉는 우리나라 문예영화를 대표하는 작품으로 평가되고 있다.

이 영화는 한국 여인의 애절한 연정을 수채화처럼 서정적으로 그려냈다. 죽은 남편에 대한 그리움과 사랑방 손님에 대한 새로운 연정 간의 미

묘한 감정 교차를 섬세하게 표현해 관객들로 하여금 깊은 감동을 느끼게
했으며, 영화가 제작된 지 50년이 지난 지금까지도 긴 여운으로 남아 있
다.

또한 주연배우 최은희를 통해 수절하는 한국의 전통적인 어머니의 이미
지를 만들어서 고상하면서도 매혹적인 한국의 여인상을 구축했다.

주인공들의 내면 심리 묘사도 탁월하다. 시어머니와 6살 난 딸이 있는
과부며느리 그리고 서울에서 온 사랑방 손님이 함께 사는 특이한 상황에
서 인물들의 내면 심리 묘사에 집중하며 이야기를 이끌어 갔다. 겉으로는
나타내지 못하는 주인공 정숙의 내면 심리를 어린 딸 옥희의 생각을 통해
제3자의 시선으로 처리했으며 흔들리는 정숙의 심리상태를 피아노 연주
를 통해 간접적으로 나타나도록 했다.

이 영화는 제9회 아시아영화제에서 최우수 작품상을 수상했으며 제1회
대종상영화제에서 감독상을 받았다. 제23회 베니스영화제와 제35회 아카
데미영화제에도 출품되어 좋은 평가를 받으면서 우리나라 문예영화를 세
계에 알리는 데 큰 역할을 했다.

"그러나 방을 비우듯이 내 가슴속에 점하고 있는
이 여사의 모든 것을 비울 수는 없겠습니다.
사랑합니다. 비로소 이 사실을 알았습니다.
또한 이 한마디가 아무리 모순되고 부당할지라도
생명처럼 절대적인 것임을 자부하고 또 고백합니다."
– 영화 〈사랑방 손님과 어머니〉 중에서

#02

피란민 희로애락 쌓인 '40계단',
처절하고 아름다운
명장면 낳다

인정사정 볼 것 없다

〈인정사정 볼 것 없다〉의 배경 부산

영화 〈인정사정 볼 것 없다〉의 첫 장면. 가을날 두 남녀의 데이트로 시작하는
낭만적인 장면은 갑자기 분위기가 전혀 다른 장면으로 전환된다.
배경이 된 부산 중구의 40계단. (자료제공 : 태원엔터테인먼트)

'부산'은 영화의 도시다.

매년 가을이면 부산국제영화제가 열리고 한국의 많은 영화가 부산에서 촬영되기 때문이다. 부산에서 영화가 많이 촬영되는 이유는 부산에는 역사적 가치가 높고 현대와 과거가 공존하는 장소가 많기 때문이다.

전국 유일의 헌책방 밀집지역 보수동 책방골목과 용두산 공원, 피란민들이 즐겨 찾던 40계단 거리 그리고 국제시장까지, 이 모든 곳은 부산의 근대문화를 고스란히 간직하고 있다. 더욱이 한국전쟁 이후 절절한 사연들까지 얽혀 있으니 부산은 그야말로 영화적 공간이 아닐 수 없다.

부산에서도 중구에 있는 도시철도 1호선 중앙역은 우리 삶의 애환이 가장 많이 녹아 있는 장소라고 할 수 있다. 지금의 중앙역이 있는 터는 부산항과 근접해 있어 피란민들의 애환과 1960~1970년대 우리네 삶의 흔적을 엿볼 수 있기 때문이다.

중앙역 11번 출구로 나오면 낯익은 계단이 눈에 들어온다. 이명세 감독의 영화 〈인정사정 볼 것 없다〉의 오프닝 신에 등장했던 40계단이다.

영화 〈인정사정 볼 것 없다〉의 배경이 된 부산 중구의 40계단

완벽한 분장술로 경찰을 따돌리는 범인과 강력반 형사들 간의 쫓고 쫓기는 추격전을 그린 〈인정사정 볼 것 없다〉는 1999년 안성기, 박중훈, 장동건, 최지우 등이 출연해 개봉 당시 큰 인기를 모았다. 서울 관객 700만 명을 동원했고 흥행 순위 4위를 기록했다. 개봉한 지 한참 지난 2007년에는 최고의 한국영화 1위로 뽑히기까지 했다.

영화는 소나기가 몰아치는 도심 한복판에서
잔인한 살인 사건이 일어나는 것으로 시작한다.

마약 거래를 둘러싼 조직의 암투가 개입했다는 단서를 잡은 서부경찰서 강력반에 비상이 걸리고 베테랑 우형사(박중훈)와 신참 김형사(장동건)가 사건을 해결하기 위해 투입된다. 범인(안성기)을 잡기 위해 애인(최지우)의 집을 무단으로 습격해 포위망을 좁혀간다. 변장술에 능한 범인과 우형사의 끈질긴 추격전이 펼쳐지고 마침내, 폐광에서 범인은 검거된다.

오프닝 신은 40계단에서 시작된다. 배경음악으로 비지스(Bee Gees)의 〈Holiday〉가 잔잔하게 깔리면서 구름 낀 하늘, 노랗게 물든 은행나무 잎들이 거리에 흩날린다. 그곳을 지나가는 연인들의 모습에서는 사랑이 충만

하다. 조금 느린 템포의 슬로 영상은 마음의 안정과 위안을 준다. 천진난만한 얼굴의 아이가 40계단을 걸어 내려오고, 이내 클로즈업된 아이의 얼굴 위로 빗물이 한두 방울 떨어지더니 갑자기 장면이 전환된다. 도심 한복판에 거친 소나기가 내리치더니 검은 양복을 입은 폭력배들이 달려들어 계단에서 흉기를 휘두르며 혈투를 벌인다. 당시, 40계단에서 촬영된 센세이션한 오프닝 신은 최고의 명장면이라는 타이틀을 얻었다.

영상뿐만 아니라 사실감 있는 이야기를 만들어내기 위해 이 감독은 3개월 이상 인천서부경찰서 강력반 형사들과 동고동락하며 완성도 높은 시나리오를 완성해냈다. 영화는 당시 신출귀몰했던 용의자 신창원 사건과 맞물리면서 또 한 번 화제를 낳았다.

이 감독이 오프닝 장면에서 특히 비지스의 〈Holiday〉를 고집한 일화도 소개됐다. 영화의 소재를 취재하는 과정에서 유전무죄라는 유행어를 만들어낸 지강헌 사건을 접한 뒤부터였다. 1980년대 후반 당시 지강헌은 감옥을 탈옥하고 시내에서 인질극을 벌이게 되는데 그는 형사에게 비지스의 〈Holiday〉를 틀어줄 것을 요청했다고 한다. 이 감독은 시나리오 작업 시, 비지스의 〈Holiday〉를 염두에 두고 시나리오를 썼기 때문에 영상과 음악의 절묘한 하모니가 이루어졌다는 것이다. 그리고 제작사 측에서는 원곡의 사용은 물론, 편곡 허락까지 받아내면서 엔딩 장면에서 편곡된 버전으로 배경음을 사용하기도 했다. 영화의 마지막 폐광촌에서 벌이는 격투 장면이었다. 이 엔딩 장면 역시 명장면으로 꼽히고 있으며, 이 장면은 워쇼스키 감독의 영화 〈매트릭스〉에서 오마주로 사용되기도 했다.

영화 〈인정사정 볼 것 없다〉 속 장면

영화는 남성 중심의 액션 장르물이지만 살인사건이 중심이 돼 사건을 전개하는 데에만 그치지 않고 장면 장면마다 아름다운 화보집을 보는 듯한 비주얼을 선보인다. 이 감독은 시각적으로 표현할 수 있는 모든 요소들 그리고 음악까지 치밀한 계산과 구성으로 완벽한 화면을 추구하며 영화만이 표현해낼 수 있는 다양한 미장센을 녹여냈다. 신선한 영상미학을 선보인 이 작품은 이듬해 미국 선댄스영화제 초청을 받아 출품됐다. 이 감독과 배우 박중훈은 선댄스에서 극찬을 받으며 할리우드로 진출할 수 있는 계기를 마련하는 행운을 얻었다.

부산 원도심 중구 40계단
피란민들 구호물자 얻고 이산가족 상봉
60~70년대 삶의 애환 서린 곳

40계단은 1909~1912년 해안가와 동광동 언덕 주택지를 잇기 위해 만들어졌다고 한다. 영화 속에 강렬한 인상을 심어준 것과 달리, 실제 40계단의 분위기는 아담하고 소박했다. 그리고 20년 전의 모습과도 크게 달라지지 않았다. 좁은 골목에 늘어선 상가와 계단 중턱에 위치한 이발소는 그때 모습 그대로였다.

이곳에선 시간이 멈춰 있는 듯했다.

달라진 것이 있다면 계단 주변에 1950~1960년대 분위기를 재현하는 조형물과 전차모형이 세워진 것인데, 조형물들은 2004년부터 40계단 테마문화거리 조성의 일환으로 만들어졌다고 한다. 1980년대에 있었을 법한 예스러운 간판들이 눈길을 끈다. 때마침 1920년대를 재현하며 모던재즈페스티벌 행사가 진행되고 있었는데 과거와 현재를 한꺼번에 만나는 느낌이었다.

애환의 역사를 품은 곳, 중앙동 40계단에서
1920년대 모던페스티벌이 재현되고 있었다.

제23회 부산국제영화제에서는 〈인정사정 볼 것 없다〉의 촬영 20주년을
기념해 40계단 거리에서 특별행사가 진행되기도 했다. 이 감독과 출연배
우인 안성기가 참여했고 영화 상영회와 관객들과의 대화도 진행됐다. 영
화의 뒷이야기를 들으며 추억의 장소에서 그때의 기억을 함께 나누는 의
미 있는 시간이었다.

40계단은 영화 촬영지로도 의미가 있지만 또한 한국전쟁 시기에 피란

민의 애환을 달래주는 공간이기도 했다. 40계단 주변에 피란민들이 몰려 판자촌을 이루게 되면서 피란민들의 생계를 위한 구호물자를 내다 파는 장터였으며 전쟁 중에 헤어진 가족들의 상봉 장소였다. 지금은 건물들로 시야가 가려져 있지만 이곳은 당시 피란민들이 영도다리를 보면서 피란살이의 고달픔을 달래던 장소였다.

이곳이 만남의 장소가 된 이유는 산복도로로 가는 첫 계단이기 때문이다. 평지에서 언덕이 시작되는 초입에 40계단이 있었다. 산복도로란 산허리에 경사지를 개발하면서 생긴 도로를 말한다. 부산(釜山)은 해운대, 광안리, 송도 등이 유명해 얼핏 바다를 떠올리지만, 지명에서 보듯 산(山)이 많은 지역이다. 평지가 좁고 산이 많아 살 곳이 마땅치 않은 곳이다.

일제강점기에 일자리를 찾아 전국에서 온 사람들과 한국전쟁 때 피란민들은 산으로 모여들면서 자연스럽게 산복(山腹)도로가 형성됐고 40계단도 생겼다. 한국 전쟁 이후 영주동 뒷산, 동광동, 보수동 일대에는 10만 명이 넘는 피란민들이 살았다.

40계단에는 6·25전쟁 당시 피란민들이 이 지역에 밀집해
생계를 이어갔던 모습을 알려주고 있다.

중구는 부산의 16개 구·군 중에서도 가장 작은 지역이지만 영화인들에
게는 매력적인 공간이다. 항구에서 언덕으로 이어지는 좁은 면적의 중구
는 과거와 현재, 근대와 현대의 다양하게 역동하는 이미지가 공존하기 때
문이다. 그래서인지 많은 영화가 중구의 자갈치시장과 용두산 광복동 일
대, 국제시장 등에서 촬영됐다.

2000년 연쇄방화범과 소방대원들의 사투를 그린 양윤호 감독의 영화

〈리베라 메〉는 대부분을 초량에 있는 침례병원과 국제시장 일대에서 촬영했다. 곽경택 감독의 영화 〈친구〉는 자갈치시장과 영주동 일대가 주된 촬영지였고 영화의 흥행과 함께 부산이 전국적인 관심을 받기도 했다. 그뿐만 아니라 천만 관객을 동원한 윤제균 감독의 〈해운대〉와 〈국제시장〉, 박찬욱 감독의 〈올드보이〉, 윤종빈 감독의 〈범죄와의 전쟁〉 등 한국을 대표하는 영화들이 부산 중구에서 촬영됐다. 2018년 개봉한 할리우드 영화 〈퍼시픽 림2〉와 〈블랙 팬서〉도 부산 일대에서 촬영해 화제가 됐다.

부산에서 만들어진 영화들을 생각하며 40계단을 올라가니 새로운 길이 시작된다. 층층이 언덕 꼭대기까지 길이 이어진다. 정면을 가로막는 40계단의 독특한 생김이 영화인들에게 얼마나 매력적으로 비쳐졌을까? 40계단은 마치 한 단계씩 도약하는 우리 영화의 미래를 보여주는 듯하다.

이명세 감독

감각적인 화면 '미장센의 거장'…
미국 영화 〈매트릭스〉서 '엔딩 장면' 오마주

한국영화계 '미장센의 거장'으로는 단연 이명세 감독이 꼽힌다. 연극에서 '무대장치'를 의미하는 미장센(mise-en scene)은 영화에서 한 프레임에 담기는 배우의 연기, 세트, 조명 등 보여지는 요소를 감각적으로 표현해내는 것을 의미한다. 이 감독은 작품마다 감각적인 비주얼을 선보이며 대표적인 스타일리스트 감독으로 자리매김했다.

그는 1988년 데뷔작 영화 〈개그맨〉에서부터 탁월한 능력을 발휘했다. 〈개그맨〉은 세 주인공의 놀이 뒤에 가려진 삶의 허무함과 비애를 참신한 방식으로 다룬 작품인데, 이 감독은 인위적인 세트와 몽환적인 미장센, 현실과 가상의 불명확성 등을 감각적으로 잘 표현해 영국의 영화평론가 토니 레인스의 격찬을 받기도 했다.

대학에서 영화를 전공한 이 감독은 이장호 감독의 연출부로 들어오면서 충무로와 인연을 맺었다. 그리고 배창호 감독의 영화 〈철인들〉의 조감독을 시작으로 〈고래사냥〉, 〈황진이〉, 〈기쁜 우리 젊은 날〉 등 총 6편의 영화에서 함께했고 영화 〈꿈〉(1990)에서는 공동으로 시나리오를 집필하기도 했다. 한편, 배 감독은 이 감독의 데뷔작 〈개그맨〉에서 안성기, 황신혜와 함께 공동으로 주연을 맡으면서 친분을 과시했다.

이 감독은 다수의 작품에서 기발한 상상력과 형식미가 가미된 자신만의 스타일을 강하게 보여줬다. 〈개그맨〉, 〈나의 사랑 나의 신부〉, 〈첫사랑〉, 〈인정사정 볼 것 없다〉, 〈형사〉 등은 독보적인 스타일을 보여준 대표작이다.

영화 〈나의 사랑 나의 신부〉에서는 남녀가 결혼하고 살아가는 일곱 가지 과정을 애니메이션으로 연결했고, 소녀에서 성숙한 여인으로 성장해가는 과정을 그린 〈첫사랑〉에서는 세트를 무려 12번씩이나 지으면서 자신만의 영화를 완성했다. 놀랄 만한 상상력과 디테일로 중무장한 이 감독에게 한국 최고의 스타일리스트라는 별명은 과언이 아니다.

환갑을 넘긴 이 감독은 몇 년 전, 한국의 젊은 영화감독들이 단편영화를 만드는 과정을 담은 방송에 출연해 영화에 대한 식지 않은 애정을 드러내 화제를 모으기도 했다. 그리고 최근에는 서울환경영화제 신임 집행위원장으로 취임해 영화에 대한 열정을 이어가고 있다.

"판단은 판사가 하고 변명은 변호사가 하고
용서는 목사가 하고 형사는 무조건 잡는 거야."
- 영화 〈인정사정 볼 것 없다〉 중에서

제4막

청춘과
희망의
공 간

#01

실화로, 소설로, 영화로…
모습은 변해도
늘 푸른 '희망'

상 록 수

〈 상 록 수 〉 속 안 산

소설 『상록수』의 주인공 채영신은 여성 농촌운동가 최용신을 모델로 했다.
안산 상록구에는 최용신이 야학을 운영했던 천곡교회(현 샘골감리교회)가
원형 그대로 보존돼 있다.

'상록수'역은 소설 제목 최초의 사례
최용신, 안산에서 농촌계몽 운동을 벌여
그가 활동했던 모습 그대로 남아…

서울 지하철 4호선 상록수역은 문학작품을 역명으로 사용한 최초의 사례다.
상록수역을 따라 걷다보면 상록수 공원이 보인다.

지하철을 타고 가다 만나는 경기 안산시 상록수역(4호선)은 심훈의 소설
제목을 따온 것이다. 일제강점기 독립운동가이기도 했던 심훈은 소설 『상
록수』를 통해 우리 민족의 혼을 일깨우고자 했다. 작품 속 주인공 채영신
은 여성 농촌운동가인 최용신(1909~1935년)을 모델로 하고 있다. 최용신

은 바로 이곳 상록수역 일대에서 문맹 퇴치 등 농촌계몽운동을 벌였다고 한다. 극 중 남자 주인공 박동혁은 충남 당진에서 농촌운동을 하던 심훈의 조카 심재영을 모델로 한 것이다.

이 소설의 주된 무대로 등장하는 청석골은 지금의 안산시 상록구 본오동 샘골이다. 상록구와 상록수역이 탄생한 배경이기도 하다. 그러나 상록수역의 최초 명칭은 소설 속 실제 주인공 최용신의 이름을 딴 용신역이었다. 이곳에 최용신의 묘가 그대로 보존돼 있기도 하고, 작품의 배경이었기 때문이었다. 하지만 당시 철도청에서는 특정 인물보다 소설의 제목이 더 낫다고 판단해 1988년 상록수역으로 명칭을 바꾸었으며 이로써 상록수역은 문학작품을 역명으로 사용한 최초의 사례가 됐다.

상록수역에서 남쪽으로 가면 본오3동 야트막한 동산에 상록수공원이 있다. 샘골 강습소가 있던 자리인 이곳에 최용신의 얼을 기리기 위해 최용신기념관이 설립됐다. 기념관은 최용신의 제자였던 홍석필이 기부한 기금으로 만들었으며 1층에는 최용신이 활동하던 샘골 강습소가 당시의 모습 그대로 복원돼 있다. 또한 최용신이 야학을 운영했던 천곡교회(현 샘골감리교회)가 원형 그대로 보존돼 있고 당시 최용신이 심은 나무들도 그 자리에서 자라고 있다.

최용신의 유해는 그의 유언대로 고향인 함경남도 원산으로 돌아가지 않고 샘골에 안장돼 있으며 살아생전 그의 약혼자였던 김학준도 함께 잠들어 있다. 소설 속에서 과로와 영양실조로 쇠약해진 채영신이 박동혁을 찾아와 휴식을 취하고 서로의 사랑을 약속하는 바닷가는 아산만 한진포구(한진나루터)와 그 주변 일대다. 현재는 부곡공단이 들어서 있고 서해안고속도로가 개통되면서 관광객이 많이 찾는다.

최용신 묘와 최용신 나무

『상록수』의 실제 모델 최용신의 얼을 기리기 위해
안산 본오3동 상록수공원에 설립된 최용신기념관

지난 1961년 고 신상옥 감독은 1935년 동아일보 창간 15주년 기념 장편 소설 현상모집에서 당선된 소설 『상록수』를 영화화했다. 이 영화는 늘 푸른 나무로 상징되는 청년 박동혁(신영균)과 채영신(최은희)의 헌신적 농촌 계몽운동과 그 과정에서 아름답게 피어나는 애틋한 사랑에 초점을 맞춘 작품이다. 일제의 가혹한 수탈, 피폐한 농촌 현실과 온갖 고난 속에서도 순박함을 잃지 않고 꿋꿋하게 살아가는 사람들의 탁월한 묘사가 돋보이는 수작으로 평가되고 있다.

　　전문학교 출신의 동혁과 영신은 농촌계몽에 뜻을 두고 각기 고향으로 내려간다. 동혁은 마을회관을 세워 농촌 청년들을 선도하고 영신은 학당을 세워 문맹 퇴치를 위해 노력한다. 일제의 간악한 탄압으로 동혁이 일본 경찰에 잡혔다가 풀려 나오던 날 영신은 과로로 병에 걸려 농촌에 대한 정열을 꽃피우지 못한 채 숨을 거둔다는 내용이다.

　　『상록수』는 원작자인 심훈이 직접 영화로 만들려고 했다. 그는 소설가로 동아일보와 조선일보 기자를 지내기도 했지만 1927년 일본 유학 중 영화제작 기술을 익히고 귀국한 후 영화감독으로도 활동했으며 「그날이 오면」이라는 시로 유명한, 일제에 항거한 민족시인이었다.

감독은 물론 영화평론가로도 활약한 심훈은 『상록수』를 영화로 만들려다가 35세 나이로 요절했다. 소설이 장면 중심으로 이뤄진 것도 영화적 기법과 조화를 이룬 것이라고 할 수 있다. 결국 소설이 나온 후 26년이 지나 신상옥 감독에 의해 영화로 만들어졌다.

영화 〈상록수〉 속 장면

그런데 신 감독이 소설 『상록수』를 영화화한 것은 우연이 아니었다. 심훈은 영화나 소설을 통해 일제하에서 핍박받는 대중의 의식과 생각을 변화시킬 수 있다고 믿고 있었다. 신 감독 역시 영화란 상업성이나 오락도 있어야 하지만 무엇보다도 사회성이 있어야 한다고 생각했다.

그는 원작이 지닌 정신을 최대한 살리며 영화 〈상록수〉를 만들어냈다.

신 감독은 소설 『상록수』를 영화화하기로 결심한 이유를 다음과 같이 밝혔다. "영화 예술가들은 어느 정도는 현실에 기여해야 할 의무가 있다. 영화는 단순한 오락이 아니며 영화에는 흥미를 넘어선 인간 승리와 정의, 사필귀정 등의 당위적인 진리가 살아 있어야 하는데 이러한 생각과 들어맞는 것이 소설 상록수였고 관객과 국민을 위해 정말 순수한 심정으로 영화 상록수를 제작했다."

영화 〈상록수〉는 실현 가능한 농촌운동의 좌표를 제시했다는 점에서도 의미가 있다. 이 영화는 1970년대 이후 새마을운동의 근거가 됐고 영화가 대중의 사고와 사상에 영향을 주는 매체가 될 수 있다는 점을 명확하게 보여줬다. 또한 계몽영화로서의 역할을 인정받아 2003년 칸국제영화제에 회고작으로 초청됐다.

이 영화에서 보여준 배우 최은희의 연기 또한 무척이나 인상적이다. 청석예배당에서 어린이들을 열정적으로 가르치는 모습은 낙후된 농촌에서 한 여성의 신념과 의지가 농민들에게 얼마나 큰 희망과 변화에 대한 갈망을 심어주는지 잘 보여준다. 채영신 역을 완벽하게 소화해내며 강인한 여성의 굳은 의지를 잘 표현한 최은희는 제1회 대종상 시상식에서 여우주연상을 수상하며 미모는 물론 당당하게 연기력까지 인정받았다.

영화 〈상록수〉에서 채영신을 연기한 배우 최은희

"아는 것이 힘! 배워야 산다!
누구든지 학교로 배우러 오라!"

심훈은 서울 노량진에서 태어나 경성고등보통학교 재학 시 3·1 운동에 가담했고, 옥고를 치른 뒤 중국과 일본으로 유학 갔으며 1923년 귀국해 동아일보 기자로 입사했지만 1933년 충남 당진 부곡리로 내려가 자신이 직접 설계한 자택 필경사(筆耕舍)에서 창작활동에 전념했다. 이곳에서 그는 농촌계몽의 뜻을 품고 경성(서울)에서 청석골(샘골)로 내려와 안타깝게 숨진 최용신의 사연을 접했다.

그는 심재영이 당진에서 농촌계몽활동을 했던 터라 소설의 주인공 채영신이 사랑한 인물로 끌어냈다. 심훈은 샘골에 세 차례 정도 방문한 뒤 최용신과 관련된 내용을 자세히 기록해 이를 바탕으로 민족의식과 일제에 대한 저항의식을 담은 농촌계몽운동을 상록수에 담아냈다.

현재도 부곡리에 필경사가 그대로 보존돼 있다. 필경사란 붓으로 논밭을 일군다는 의미로 농촌계몽을 통해 조선인들의 생활이 윤택하게 되기를 바랐던 작가의 의지가 담긴 이름이다. 필경사 옆에는 심훈의 묘가 있으며 상록수를 집필할 때 사용했던 책상과 농촌계몽에 사용된 서적 등이 심훈기념관과 상록수문화관에 전시돼 있다. 심훈기념관에서는 지금도 그의 계몽사상과 민족사랑 정신을 기리기 위한 시낭송회가 열린다.

평촌아트홀에 위치한 당시 안양영화촬영소 전경

영화 〈상록수〉는 경기 안양시 석수2동의 안양영화촬영소에서 제작됐으며 촬영은 광릉수목원과 인천 대이작도에서도 이뤄졌다. 안양영화촬영소는 1957년 홍찬 수도영화사 사장이 설립한 동양 최대의 영화종합촬영소였다.당시 웨스트렉슨 사운드 시스템과 미첼 영화촬영기 3대를 도입하는 등 촬영, 편집, 현상, 녹음, 분장 등 모든 부문에서 제작이 가능한 시설을 갖추고 있었으며 1963년부터는 신 감독이 촬영소를 인수해 운영했다.

현재 촬영소 자리에는 현대 석수아파트가 자리 잡고 있으며 안양시에서는 안양영화촬영소를 기념하기 위해 동안구 갈산동 평촌아트홀에 한국영화 사료실을 마련해 운영하고 있다.

상록수는 현재를 사는 우리에게도 큰 의미를 준다. 1930년대 일제강점기에는 소설로서 우리 민족에게 희망을 불어넣어 주었으며 1960년대에는 영화로 농촌계몽을 통해 경제적인 성장을 가능하게 했다. 1970년대 가수 김민기는 노래를 통해 어둡고 암울한 여건 속에 있었던 당시 노동자들에게 희망의 메시지를 보냈으며 최근에는 5·18 민주화운동 기념식에서 김민기의 노래 〈상록수〉를 합창하면서 민주화운동을 기리기도 했다.

비록 시대에 따라 그 의미는 조금씩 달랐지만 영화와 소설 그리고 노래를 통해 상록수는 우리에게 희망을 주고, '늘 푸른 나무 상록수'같이 젊은 청년으로 살기를 바라고 있다.

신 상 옥 감 독

〈꿈〉 등으로 문예영화 붐 조성…
관련산업 발전 이끌어

신상옥 감독은 1926년 함경북도 청진에서 출생해 경기고등학교의 전신인 경성고등보통학교를 졸업하고 일본 도쿄(東京)미술전문학교에서 미술을 전공했다. 귀국 후 그는 고려영화협회 미술부에 입사해 영화와 인연을 맺었다. 이론과 촬영기술을 겸비한 영화감독 최인규 밑에서 기초를 닦은 신 감독은 신프로덕션을 설립했고, 1954년 영화 〈코리아〉를 제작하면서 이 영화에 출연한 배우 최은희와 결혼했다.

신 감독은 한국영화산업 근대화에 중요한 역할을 했다. 1961년 한국 최초 기업형 영화사인 신필름을 설립, 영화 제작에 필요한 인력을 자체 조달했으며 다양한 장르의 영화를 제작했다. 영화를 통해 예술성이 있는 문학작품을 알리려고도 노력했다. 심훈의 『상록수』와 주요섭의 『사랑 손님과 어머니』, 그리고 이광수의 『꿈』 등을 영화화해 영화를 통해 문학성 있는 작품을 관객들에게 알리며 문예영화 붐을 일으켰다.

또 그는 영화의 사회적인 역할을 중요시했다. 영화가 대중의 사고와 사상을 바꿀 수 있는 정치적 영향력이 있는 매체라는 것을 인식하고, 계몽영화를 만드는 데 주력했다. 〈상록수〉는 일제강점기 가난한 농촌에서 민족주의 사상과 교육의 중요성을 강조했고, 〈어느 여대생의 고백〉에서는 6·25전쟁 직후 혼란기에 여성의 경제적 자립을 위한 여건 조성을 주장했다. 영화 〈쌀〉에서도 전북 무주 구천동의 실화를 바탕으로, 고난을 극복하는 인간의 의지를 담아냈다.

이런 그의 신념은 결혼생활에서도 잘 나타난다. 부인 최은희 씨가 출산과 내조에 충실하기보다는 안양예술고등학교를 운영하면서 영화인을 양성하는 데 주력하도록 뒷받침했다.

그의 삶은 영화 같았다. 1978년 최 씨가 납북되자 신 감독은 북한으로 갔다가 부인을 데리고 1986년 극적으로 탈출했다. 그 후에도 국내외에서 왕성한 활동을 펼쳐 1994년 한국인 최초로 칸국제영화제 심사위원을 지냈으며 2006년 80세의 나이로 생을 마감했다.

신 감독은 과거에 존재했지만 실제로는 미래를 살았다. 안양영화예술학교 설립과 이장호 감독을 비롯한 우리나라 영화계를 이끄는 후배감독 양성을 통해 한국영화의 미래를 준비했다. 영화가 경제적 수익을 내는 산업이나 감성을 표현하는 예술만이 아니라 국민의 의식과 사상을 변화시킬 수 있는 정치적 매체라는 것을 일찍이 강조했다. 그는 미래를 살다가 간 우리나라 영화계의 선각자였다. 신 감독은 시대가 변해도 변하지 않는 한국을 대표하는 영화인이다.

"영화 예술가들은
어느 정도는 현실에 기여해야 할 의무가 있다."
– 영화 〈상록수〉의 감독 신상옥

#02

절망 가득한 세상에도…
청춘의 '희망사냥'은
계속된다

고 래 사 냥

〈고래사냥〉의 배경 강원도 양양 남애항

당대 배우 안성기 · 이미숙 출연

가수 김수철 엉성한 청년 역 화제

변화 · 성장 과정을 그려낸 수작

1980년대를 살아온 사람들은 대부분 배창호 감독의 영화 〈고래사냥〉을 기억한다. 정치적으로 우울했던 당시 젊은이들에게 돌파구를 열어준 영화였기 때문이다. 서울 관객 43만 명을 동원해 그해 한국영화 1위 흥행을 기록했다. 최인호 작가가 발표한 소설 『고래사냥』을 1984년 영화화한 것으로, 제목이 같은 송창식의 노래 〈고래사냥〉과 연관이 있다.

"술 마시고 노래하고 춤을 춰 봐도~ 가슴에는 하나 가득 슬픔뿐이네. 무엇을 할 것인가 둘러보아도~ 보이는 건 모두가 돌아앉았네. 자, 떠나자 동해바다로. 신화처럼 숨을 쉬는 고래 잡으러~"

1972년 최인호는 『바보들의 행진』이라는 소설을 신문에 연재하게 되고 이를 1975년 하길종 감독이 영화화해서 흥행에 성공하게 된다. 이 영화의 주제가가 송창식의 〈고래사냥〉이었으며 최인호가 작사를 맡았다. 당시 청년문화를 대변하며 큰 인기를 얻었지만 바로 금지곡이 됐다.

영화 〈바보들의 행진〉이 1970년대 젊은이들의 고뇌를 그린 영화라면, 영화 〈고래사냥〉은 1980년대 바다라는 탈출구를 향해 달려가는 청춘들의 이야기를 그린 '코리안 뉴웨이브' 무비다.

코리안 뉴웨이브란 1980년대 저항적 시대정신과 현실을 반영해 만들어진 영화들을 일컫는다. 이장호 감독을 포함해 배창호, 장선우, 이명세 감독들이 주도했는데, 주류상업 영화와는 다른 예술영화로서의 만듦새를 갖추면서도 한국사회와 역사를 진지한 시각으로 성찰했다.

영화 〈고래사냥〉은 당대 최고의 배우 안성기와 이미숙뿐만 아니라 영화 초년병인 가수 김수철을 주인공으로 캐스팅해 화제를 모았다. 김수철은 최근 펴낸 에세이집에서 당시 촬영 에피소드를 털어놓으며 겨울에 강물에 빠져서 저체온증으로 죽을 뻔한 일도 있었다고 소개했다. 대학생 병태 역할을 한 그는 뭔가 부족해 보이는 캐릭터에 아주 잘 어울린다는 평가를 들었다.

강원 양양의 남애항. 영화 속 춘자의 고향은 우도로 설정됐지만
우도는 가상의 공간으로 실제로는 강원 양양의 남애항 일대에서 촬영했다.
강원 3대 미항으로 꼽히는 남애항은 최근 서울-양양 고속도로가 개통되면서
더욱 인기를 끌고 있다.

극 중 짝사랑하던 대학생 미란에게 거절당한 대학생 병태(김수철)는 좌절감에 빠져 거리를 방황하다 여성을 추행했다는 혐의로 유치장에 갇힌다. 억울함을 호소하는 병태를 부랑자 민우(안성기)가 돕는다. 민우는 소심한 병태를 사창가에 데려가고 그곳에서 언어장애인 춘자(이미숙)를 알게 된다. 춘자에게 연민을 느낀 그들은 춘자를 고향집에 데려다 준다.

대학생 병태의 고민과 방황은 사랑하는 여대생으로부터 촉발됐지만 1980년대를 살고 있던 당시 20대 젊은이로서 고민과 방황은 그것보다 더 근원적인 것이었는지 모른다. 공허함은 누군가를 돕는다고 채워지지 않는다. 영화는 병태가 춘자를 고향으로 데려다주는 과정에서 본인 스스로가 변화하고 바뀌면서 성장하는 과정을 그려냈다. 결국 고래를 상징하는 '희망'은 자신의 마음속에 있다는 것.

로드무비 새 형식으로 흥행대박
서울 시내의 다양한 공간을 담아

배 감독은 원작의 내용을 충실히 옮기면서도 당시 시대 상황을 우회적으로 풀어내 많은 관객의 공감을 샀고 한국영화를 외면했던 관객들을 극장으로 불러들이는 계기를 만들었다. 로드 무비(road movie)라는 새로운 형식이 흥행을 크게 도왔다. 오락적인 요소를 가미한 쫓고 쫓기는 추격전과 모험담이 영화에 대한 흥미를 유발했던 것이다.

로드 무비는 장소의 이동에 따라 이야기를 펼친다. 영화 〈고래사냥〉은 여러 장소, 다양한 공간을 돌며 빠르게 사건을 진행한다. 영화는 서울역과 이태원, 명동거리, 종로, 광장시장, 대학캠퍼스, 창경원 등 주인공을 따라 스케치하듯 서울의 여러 곳을 보여준다. 그중에서 하루에도 수많은 이가 이동하는 서울역 앞의 양동이라는 곳에 초점을 맞춘다.

양동(陽洞)은 볕이 잘 드는 동네라고 하여 '양짓말'을 한자명으로 한 데서 유래되었다. 영화에서 민우가 병태를 데리고 간 사창가가 있던 곳이 중구 양동이다. 그런데 이 동네를 기억하는 사람은 많지 않다. 서울시는 양동의 부정적인 이미지를 씻기 위해 남대문5가로 편입시켰고 나중에 다시 회현 동으로 바꾸었기 때문이다.

영화 〈고래사냥〉의 촬영현장.
배창호 감독이 배우들에게 촬영 동선 및 연기 지도를 하고 있다.

당시 영화의 배경이 되었던 양동은 1977년 대우그룹이 23층 대우빌딩을 지으면서 재개발의 바람을 타기 시작했다. 지금은 서울스퀘어 빌딩이 된 대우빌딩 뒤편이 재개발되면서 오피스텔과 아파트가 들어선 현대식 주거지로 바뀌어 그때의 모습을 찾아보기는 어렵다. 그러나 1980년대만 해도 양동은 초라한 빈민가로 양팔을 뻗으면 손가락이 담벼락에 닿는 좁다란 골목길의 사창가였다.

아이러니하게 1980년대 전두환 정부는 사창가에 대한 정화사업과 윤락행위 근절을 외쳤지만 실제로 역과 터미널 주변의 사창가는 1980년대가 호황기였다. 영화 〈고래사냥〉이 촬영되던 때도 양동 일대가 막 재개발되기 시작했던 시기라 사창가가 남아 있었다. 1980년 이장호 감독의 〈어둠의 자식들〉과 김홍신 작가의 〈인간시장〉도 양동의 사창가를 배경으로 만들어진 영화다.

양동 외에도 영화에서는 많은 인파로 북적거리던 서울의 도시, 그곳에서 소외된 채 홀로 표류하고 있는 병태를 그리기 위해 별다른 연관성 없는 다수의 공간이 나열된다. 1984년 창경궁 복원 사업으로 과천 서울대공원으로 동물원이 옮겨지기 전의 창경원도 나온다. 민우는 그곳의 춘당지와

명정전을 제 집처럼 이용한다.

병태와 민우가 대학교에 가서 노교수를 만나는 장면은, 흑석동에 위치한 중앙대에서 촬영했다. 흥미로운 점은 중앙대를 상징하는 청룡상이다. 지금은 하늘색 페인트칠이 돼 있어 영화 속과는 사뭇 다른 느낌을 주지만 이 조형물은 황동으로 만들어진 것으로 1968년 개교 50주년을 기념해 설치한 것이다. 설립자인 임영신 박사는 청룡이 둘러싸고 있는 지구본 속에 타임캡슐을 묻어뒀고 2018년 10월, 100주년이 되는 해 청룡상 해체작업을 한다고 해 관심을 모은 바 있다.

모든 것이 자유롭지 못했던 시대
고뇌하는 청춘들의 일탈을 통해
시대를 아우르는 '공감과 울림'을 선사

영화 〈고래사냥〉에선 정치적으로 우울했던 1980년대의 분위기를 느낄 수 있다. 아무런 힘도, 가진 것도 없는 병태와 민우는 포주에게 착취당하는 창녀 춘자를 돕는다. 전혀 어울리지 않는 캐릭터와 현실적 개연성이 없는 이야기지만 배 감독은 세상에서 가장 소외된 인간들을 통해 사회의 모순을 보여주며, 청춘들의 일탈과 방황을 통해 젊은이들로 하여금 세상과 맞서게 했다. 때로는 코믹하게 시대를 비판하고 풍자한다.

서울역의 퇴락한 풍경, 쓰러져가는 한옥과 여인숙 그리고 사창가. 스산한 서울의 도시…. 그것들을 보고 있노라면 탈출하고만 싶다. 그래서였을까. 춘자를 빼돌린 주인공 병태와 민우는 사창가 앞에 세워져 있던 앰뷸런스를 타고 서울을 벗어나 강원도의 푸른 바다로 향한다.

회색빛 도시, 답답한 일상,
지친 영혼을 달래주고 품어줄 수 있는 그곳.

자유를 갈망할 때 강원도의 푸른 바다를 찾는 것은 그때나 지금이나 다를 바 없어 보인다. 영화 〈고래사냥〉에서 전반부가 서울이라는 공간에 초점을 두었다면 후반부는 강원도가 주된 배경이다.

춘자의 고향인 강원 양양을 향해 떠나는 과정에서 병태와 민우, 춘자의 뒤를 쫓는 포주(이대근)와 쫓고 쫓기는 추격전, 차를 얻어 타고 자전거를 빌려 달아나는 장면들 그리고 석탄을 실은 수송열차에 올라타는 장면들 대부분이 강원 정선을 비롯해 강릉, 임계, 묵호, 양양을 돌며 촬영했다. 그리고 우여곡절 끝에 도착한 고향 장면은 강원 양양의 남애항에서 촬영했다.

영화 〈고래사냥〉 속 배경이 된 남애항

영화 〈고래사냥〉의 최종 종착지인 남애항은 영화 속 가장 인상적인 장소로 알려진 곳이다. 그러나 영화가 촬영되던 당시 남애항의 풍광은 지금과는 전혀 다르다. 전망대는 물론이고 등대로 이어지는 길은 지금처럼 잘 닦아놓은 신작로가 아니었다. 남루하고 어수선하며 스산했다.

하지만 지금의 남애항은 삼척의 초곡항과 강릉의 심곡항과 더불어 강원도 3대 미항(美港)으로 꼽힌다. 남애항의 풍광을 한눈에 볼 수 있는 전망대가 있고 작은 돌섬들이 아름답게 어우러져 있는 방파제도 있다. 강원도 특산물인 송이버섯 모양의 등대, 괴암과 청송 등이 한데 어우러져 아름답고 서정적인 어촌의 풍경을 자랑한다.

남애항에서 빼놓을 수 없는 것이 해돋이다. 남애항은 일출이 아름답기로 소문난 곳이다. 남애항 전망대 근처에 위치한 정자 앞에는 영화 〈고래사냥〉의 촬영지임을 알리는 표지판이 세워져 있다.

최근에는 서울-양양 고속도로가 개통되면서 남애항을 찾는 사람들이 많아졌다. 이 고속도로를 이용하면 서울 강남에서 90분이면 닿는다. 동홍천-양양 구간에는 국내 최장 터널인 백두대간 인제터널이 있다. 2016년

터널 사고를 소재로 한 영화 〈터널〉의 촬영지였다. 인제터널은 11㎞의 국내 최장 터널로 시속 100㎞로 달려도 터널을 통과하려면 7분이 소요된다.

고래사냥!
고래를 잡는다는 것은 1970~1980년대를 살아온 젊은 이들에게는 어떠한 상징과도 같다. 모든 것이 자유롭지 못했던 시절, 청년세대들은 변화와 자유를 갈망했다.

그 때문에 꿈과 이상으로 대변되는 고래에는 많은 의미가 함축돼 있다. 기성세대에 대한 반발, 자아성취, 불안한 미래 등이 그렇다.

영화를 찍었던 그때와 지금을 비교해보면 정치·사회적으로 많은 것이 달라졌지만 여전히 젊은 세대들이 지닌 무력감과 공허함은 달라지지 않아 보인다. 불안한 미래, 청춘들은 끊임없이 갈망하며 고래를 잡아야 한다. 영화 〈고래사냥〉이 명작으로 평가받는 이유는 시대를 아우르며 공감과 울림을 주기 때문일 것이다.

배 창 호 감 독

1980년대 충무로 평정한 흥행감독…
독립영화 제작 시스템 구축에도 큰 기여

배창호 감독은 영화를 좋아했던 어머니와 함께 극장에 다니면서 영화인의 꿈을 키우지만 은행원이었던 아버지의 권유로 연세대 경영학과에 진학한다. 대학 연극반에 들어간 그는 대학가에서 꽤 알려진 연극배우로 활동했다. 배 감독의 연기력은 이명세 감독의 영화 〈개그맨〉을 통해서도 확인할 수 있다.

대학졸업 후, 현대종합상사에 취직했지만 회사를 그만두고 대학 선배 최인호 작가를 찾아가 이장호 감독을 소개받는다. 1980년 이 감독의 영화 〈바람 불어 좋은 날〉의 조감독을 맡으며 본격적으로 영화계에 들어온다. 1982년 영화 〈꼬방동네 사람들〉로 감독으로 데뷔한 그는 빈민촌에 살고 있는 서민들의 삶과 그늘진 사랑을 해학적으로 그려 대종상 신인감독상을 수상하며 가장 주목받는 신인으로 평가받는다.

그리고 1980년대에는 최고의 전성기를 구가한다. 〈적도의 꽃〉, 〈깊고 푸른 밤〉과 〈그해 겨울은 따뜻했네〉, 〈고래사냥〉에 이르기까지 만드는 영화마다 흥행에 성공한다. 그중에서도 〈고래사냥〉은 작품성과 흥행성에서 최고의 평가를 받으며 그해 한국영화 흥행 1순위를 기록했다. 1990년 개인 프로덕션을 설립해 이정재 주연의 영화 〈젊은 남자〉를 선보이며 다시 한 번 흥행 감독으로서의 면모를 드러냈다.

배 감독은 흥행감독으로만 안주하지 않고 예술영화를 통해서 그의 영화 특성인 서정성을 수려한 영상문체로 그려냈다. 〈황진이〉, 〈기쁜 우리 젊은 날〉, 〈꿈〉 등을 연출하며 주류상업영화가 아닌 독립영화 형식에 대한 실험으로 새로운 미학을 추구했다. 그리고 제작방식에서도 1인 독립영화 제작 시스템을 구축했다.

배 감독은 흥행감독이면서 동시에 예술성을 추구하는 독립영화를 제작해 격변하는 영화환경 하에서 한국영화산업 발전에 크게 기여했다. 최근 울주국제산악영화제 위원장을 맡으며 중견감독으로서 또 다른 행보를 걸으며 한국영화계의 버팀목이 되고 있다.

"고래는 내 마음 속에 있었어요"
– 영화 〈고래사냥〉 중에서

#03

구석진 시골마을…
반짝이는 '삶의 이야기'가
흐른다

라 디 오 스 타

〈 라 디 오 스 타 〉 의 배 경 강 원 도 영 월

20년전 스타 가수

시골 라디오 DJ로 전락

주민과 소통하며 다시 인기 얻어

영화 〈변산〉은 이준익 감독 연출작이라는 것만으로도 주목을 받았다. 이 감독은 〈왕의 남자〉, 〈황산벌〉 등 사극영화를 통해 널리 알려졌지만, 현대극에도 능하다는 걸 작품을 통해 증명해왔다. 그중 대표적인 작품으로 지난 2006년 개봉한 영화 〈라디오 스타〉를 꼽을 수 있다.

〈라디오 스타〉의 주요 배경은 단종의 애환이 깃든 강원 영월이다. 서울에서 2시간 남짓한 거리, 강릉 방면 영동고속도로를 타고 가다가 중앙고속도로로 갈아타고 제천 IC에서 38번 국도로 들어서면 충북 제천, 단양과 경북 영주, 봉화에 접해 있는 영월이 모습을 드러낸다.

태백산맥과 차령산맥 그리고 소백산맥이 병풍처럼 둘러싸고 있고, 그 사이를 평창강과 동강이 흐른다. 여행자들에게는 천혜의 자연경관을 선사하는 곳이나 교통이 발달하기 전에는 산으로 둘러싸여 접근이 쉽지 않은 지역이었다. 이러한 지역적 특성 때문에 조선 시대 세조는 조카 단종의 유배지로 영월을 택했다.

동강이 흐르는 금강정 앞

　〈라디오 스타〉는 왕년의 스타가수가 라디오 DJ로 영월에 오게 되면서 주민들과 소통하고 매니저와의 깊은 우정을 확인하는 과정을 웃음과 감동으로 그려냈다. 〈왕의 남자〉의 최석환 작가와 이 감독이 다시 만나 만든 영화로, 평단과 관객들로부터 가슴 따뜻한 이야기는 물론 작품성과 배우들의 연기력으로 인정받았다.

　극중 〈비와 당신〉이라는 곡으로 1988년 가수왕을 수상한 최곤(박중훈)은 20년이 지난 지금 퇴물로 전락했다. 사고뭉치이자 철없는 최곤 옆에는 일

편단심 매니저 박민수(안성기)뿐이다. 어느 날, 미사리 카페촌에서 노래를 부르던 최곤은 손님과 시비가 붙어 유치장 신세를 지고, 민수는 합의금을 마련하기 위해 백방으로 뛰어다닌다.

그러다 방송국 국장을 만나 최곤이 영월에서 DJ를 하면 합의금을 내준 다는 약속을 받아낸다. 그러나 DJ 역할을 우습게 여기며 막무가내로 방송 하는 최곤 때문에 민수는 계속 난처한 상황을 겪는다.

급기야 최곤은 청록다방의 김 양을 즉석 초대 손님으로 방송에 등장시 키는데 예상과 달리, 김 양의 사연이 많은 청취자의 심금을 울리며 큰 호 응을 얻는다.

지역민들과 소통하는 영월의 인기 방송으로 자리매김한 '최곤의 오후의 희망곡'은 전국 방송이라는 영광과 함께 최곤에게 재기할 수 있는 기회를 준다. 최곤이 다시 인기를 얻자, 민수는 대형 음반기획사와의 계약을 도와 주며 그의 곁을 떠나는데….

최곤의 곁을 떠난 박민수가 돌아와 최곤에게 우산을 씌워주는 엔딩 장면은
안성기가 제안한 것으로, 영화 〈라디오 스타〉의 명장면으로 꼽힌다.

KBS 영월 방송국이 주무대

지역민들 무대 보존 요구로

'라디오 스타 박물관' 재탄생

이런 줄거리를 회상하며 최근 영월을 찾았다. 가장 먼저 들른 곳은 〈라

디오 스타〉의 배경이 된 KBS 영월방송국이다. 지금은 '라디오 스타 박물

관'으로 바뀐 KBS 영월방송국은 극 중에서는 MBS 영월지국으로 나온다. 최 작가가 지난 2004년 재정적인 문제로 문을 닫은 KBS 영월방송국 앞을 우연히 지나다가 영화의 모티브를 얻었다. '대스타였지만 한물간 록가수가 영월에서 방송을 한다면 어떨까?'라는 물음에서 비롯된 발상은 이 감독을 만나 한 편의 감동적인 영화로 완성된다.

험난한 산맥들로 둘러싸인 영월은 곳곳에 탄광이 산재했다. 영월 광산은 일제강점기인 1931년부터 조업을 시작해 1970년대까지 호황을 누렸다. 영월에서 지하자원을 채굴하면서 인구가 집중되고 경제가 활성화됐다. 영월 지역에 장터가 많이 생겨났던 것도 이때부터다. 1965년 7월에는 KBS 원주방송국 영월중계소가 개소한다. 1975년 12월에는 영월중계소 청사를 증축 준공하면서 출력을 증강했고 1976년 4월에는 영월방송국이 개국해 방송이 시작됐다.

그러나 1980년대 석탄산업 합리화 정책 이후, 인구가 급격히 줄어들어 2000년대 들어서는 4만 명 정도만 영월에 거주하게 됐다. 군 단위 행정구역 중에서 방송국이 있는 지역은 영월이 유일했지만 2004년 지역방송국 기능조정 통폐합 정책에 따라 폐지됐다. 그러나 지역주민들은 방송국

을 없애는 것보다 보존하기를 원했고 영월군에서는 방송국 건물을 매입해
2015년 '라디오 스타 박물관'으로 재탄생시켰다.

영화 〈라디오 스타〉의 주된 촬영지로, 지금은 박물관으로 바뀐
KBS 영월방송국. 2004년 폐지된 KBS 영월방송국을 영월군에서 매입해
2015년 '라디오 스타 박물관'으로 재탄생시켰다.

박물관에는 라디오에 깃든 추억을 따라 과거로 시간여행을 떠날 수 있는 코너가 만들어져 있으며, 실제로 DJ를 체험할 수 있는 시설도 구비돼 있었다. '라디오 스타' 코너에서는 영화의 배경이 된 '청록다방'과 '좋은 소리사'의 대형 사진과 더불어 OST를 통해 〈라디오 스타〉의 감동을 다시 느낄 수 있도록 했다. 영월 지역에는 현재 16개의 박물관과 미술관이 운영되고 있는데 영월이 국내 유일의 '박물관 고을 특구'로 지정될 수 있던 계기는 〈라디오 스타〉 때문이다.

'라디오 스타 박물관'에는 라디오를 상징하는 조형물들이 설치되어 있다.

박물관을 나오니 좁게 길이 난 산책로가 보였다. 최 작가가 걸었던 그 길을 걸어봤다. 아름다운 동강을 내려다보며 산책하기에 딱 좋은 곳이다. 김

삿갓 시비(詩碑)가 있는 메타세쿼이아 길을 지나니 금강정(錦江亭)이 나온 다. 1428년(세종 10년) 김복항이 지은 금강정은 선비들이 모여 풍류를 즐겼 던 장소다.

금강정

그리고 금강정 아래쪽에는 깎아지른 절벽 낙화암이 있는데, 여기는 단종을 모신 궁녀와 신하들이 단종이 승하하자 올라와 동강에 몸을 던졌던 곳이다. 영화에서는 최곤이 방송사고를 치자 민수가 이곳에서 "우리 같이 동강에 빠져 죽자."라고 말한다. 최 작가가 이곳을 지나면서 대사를 생각해낸 것은 아닐지…. 박물관은 동강이 흐르는 금강정의 절벽 위쪽에 있다.

명대사 읊던 별마로 천문대
서부시장 안의 청록다방
읍내 공간들도 아직 영업중

"별은 말이지…
혼자 빛나는 별은 거의 없어.
다 빛을 받아서 반사하는 거야."
- 영화 〈라디오스타〉 중에서

〈라디오 스타〉에서는 천문대가 자주 등장한다. '별마로천문대'는 라디오 스타 박물관 뒤 해발 800m의 봉래산에 있다. 구불구불 1차선 도로를 올라가다 보면 넓은 마당에 별을 관측할 수 있는 천문대가 나온다. 밤하늘의

별을 본다는 것은 매우 낭만적인 일이다. 별을 바라보며 소원을 빌면 서로 간의 유대관계가 돈독해진다. 최곤과 민수는 천체망원경으로 별을 보며 명대사를 읊는데 이는 천문대 관측실에서 촬영한 것이다.

민수는 최곤의 재기를 위해 자신이 떠날 것을 다짐하고, 대형 기획사를 통해 다시 한 번, 빛을 발하라는 의미심장한 말을 한다.

"곤아, 너 아니? 별은 말이지… 혼자 빛나는 별은 거의 없어. 다 빛을 받아서 반사하는 거야 … 세상에 혼자 빛을 내는 사람은 없어."

그리고 진심으로 최곤이 재기하길 바라며 민수는 떠난다. 관객들 뇌리에 깊이 기억되고 있는 민수의 대사는 영월 읍내의 영월맨션아파트에 벽화로도 새겨져 있다.

'최곤의 오후의 희망곡'이 100회 특집을 맞아 첫 공개방송을 하던 장소 또한 별마로천문대 앞마당이다. 현실에서의 별마로천문대는 영화에서만 큼이나 낭만적인 장소다. 도로가 좁고 가팔라서 천문대까지 올라가기가 쉽지 않지만 봉래산 정상에 오르니 활공장(滑空場)이 있어 넓은 시야로 동강과 영월의 풍경이 한눈에 들어온다. 정상에서 내려다보는 영월의 풍경은 천체 관측과 함께 색다른 즐거움을 준다.

별마로천문대

발걸음을 옮겨 영월 서부시장으로 향하는 길. 영월 읍내는 워낙 작은 마을이라 촬영 명소를 쉽게 찾을 수 있다. 서부시장을 향해 가는 길목에 꽃집 총각이 짝사랑했던 아가씨가 근무하던 농협이 눈에 띈다. 길 건너 맞은편에는 청록다방도 보인다.

'최곤의 오후의 희망곡'은 청록다방의 김 양이 철물점과 세탁소 주인에게 외상값을 갚으라고 말하고 엄마를 향해 절절한 사과를 한 뒤부터 영월 주민들의 상담소가 됐다. 꽃집 총각은 사랑 고백을 하고, 할머니들은 고스톱을 치다가 막판 싹쓸이 규칙이 있는지도 물어본다. 실업 청년이 취업에 대한 고민을 늘어놓는가 하면 서울로 간 아들에게 사랑의 말을 전하는 아버지도 나온다.

청록다방

〈라디오 스타〉는 거의 모든 장면이 영월에서 촬영됐고 방송국, 청록다방, 중국집, 철물점, 세탁소, 미용실, 기찻길, 모텔까지 영월 읍내의 모든 공간을 활용했다. 영화의 주요 공간은 지금도 영업 중인 실제 장소다. 10년 이면 강산도 변한다는데 많은 시간이 흘렀음에도 영월은 영화를 촬영했던 그 시절 그대로 변함없다. 순박한 영월 사람들, 사람들만큼이나 소박한 영월의 풍경, 이 모든 것이 영화 속 장면들과 오버랩되며 아련하게 다가온다.

영월시장

영월의 광업소가 꾸준히 성장하던 1970년대까지 영월의 정기시장과 상설시장이 호황을 누렸다고 한다. 2005년 새롭게 단장한 영월 서부시장은 편리한 시설과 다양한 먹을거리로 이용객들에게 호응을 얻는 전통시장으로 자리매김했다. 시장에 들른 김에 서부시장을 대표하는 음식인 닭강정과 메밀전병의 맛도 즐기고 전통시장의 분위기도 한껏 느꼈다. 이 감독은 영월의 대표시장인 서부시장과 중앙시장의 모습을 담아 사람 냄새 물씬 나는 정감 있는 영상을 선사했다.

영화 〈라디오 스타〉가 우리에게 큰 감동을 준 것은 친근감과 자연스러움 때문이다. 안성기와 박중훈과 같은 스타배우들이 나오지만 결코 부담스럽지 않다. 오히려 푸근하고 친근한 느낌으로 관객들을 무장해제시켜 영화를 편안하게 보게 만든다. 정석용, 윤주상, 정규수 등 조연배우의 생활 연기도 퍽 자연스럽다.

여기에 영화스태프들과 영월 주민들이 카메오로 등장해 하모니를 이룬다. 미용실 주인과 손님, 버스 운전기사와 승객, 공개방송에 찾아온 주민들과 학생들은 실제 영월 주민들이었다. 꽃집 총각은 미술부장이었고 농협 아가씨는 영화사 총무과장이 맡았다. 연출부 막내는 실업 청년으로 출연했다. 심지어 중국집 영빈관 주인으로 이 감독이 출연했다. 다방종업원 김양 역의 신인배우 안미나는 신인 같지 않은 연기를 선보여 감탄을 자아냈다. 최곤보다도 더 철없는 록밴드 이스트리버로 출연한 가수 노브레인은 영화의 감초 역할을 톡톡히 해냈다. 영화 속 캐릭터들이 서민들의 생활 속에서 하나하나 살아 있어 그 인물에게 자연스럽게 동화될 수 있었다.

OST 선곡도 좋았다. 조용필의 노래는 웬만해서는 OST로 사용할 수 없는데 이 영화를 통해 처음으로 들을 수 있었다. 조용필의 〈그대 발길이 머무는 곳에〉와 시나위의 〈크게 라디오를 켜고〉, 버글스(Buggles)의 〈Video Killed The Radio Star〉, 박중훈이 부른 〈비와 당신〉까지 영화 속 분위기와 제대로 맞아떨어진 선곡들이었다. 노브레인의 〈넌 내게 반했어〉가 흘러나올 때 주민의 모습을 몽타주한 것도 인상적이다.

인구 4만 명의 조용한 소도시, 영월. 소도시라고 하지만 여전히 농촌사회의 정이 남아 있는 소박한 고장이다. 이 감독은 영월을 배경으로 한 이 영화에서 평범한 우리의 삶을 정감 있게 들여다보며, 가장 소중한 것은 결국 '내 옆에 있는 사람'이라는 주제를 분명히 드러낸다.

이준익 감독

충무로 이야기꾼,
흥행성 · 작품성 모두 갖춘 '연출 명장'

이준익 감독은 1,000만 관객을 동원한 〈왕의 남자〉부터 〈사도〉, 〈동주〉, 그리고 〈박열〉까지 흥행성과 작품성을 겸비한 영화들을 만들어냈다.

충무로에서 진정성 있는 이야기꾼으로 불리는 그의 영화계 입문은 조금 특별하다. 대학에서 미술을 공부하다가 중퇴한 그는 영화 포스터와 전단지를 만들면서 영화와 인연을 맺었다. 1987년에는 광고대행사 '씨네시티'를 설립해 1000편이 넘는 영화 광고를 기획하며 한국 영화계에서 잘나가는 영화광고전문가로 자리 잡았다. 1992년에는 영화마케팅 회사인 '씨네월드'를 창립해 영화 제작과 홍보, 수입과 배급까지 사업을 확장시켰다. 그리고 1993년 〈키드캅〉의 연출을 맡아 감독으로 데뷔한 이래 〈황산벌〉, 〈라디오 스타〉, 〈소원〉, 〈변산〉까지 활발하게 작품 활동을 이어오고 있다.

이 감독의 영화는 사람을 향한 존중이 묻어 있다. 그의 영화를 보면 권력자보다 약자 혹은 낮은 계층의 인물이 중심이다. 광대로 살아야 했던 민초의 삶을 다룬 〈왕의 남자〉, 비주류가수로 전락한 왕년의 록스타 이야기 〈라디오 스타〉, 아동 성폭행 피해자 부모의 고통을 그린 〈소원〉, 비극적 운명의 세자 〈사도〉 등이 그러하다.

그의 작품 속 인물들은 변방에 있거나 소외돼 있지만 애처롭거나 처량하지만은 않다. 인물에 대한 깊은 탐구를 통해 비록 비주류라 할지라도 그 자체로 귀하게 빛난다는 것을 보여준다.

이른바 작가주의를 고집하기보다는 대중과의 소통을 중시한다. 그의 영화는 과장되고 난해한 표현기법 대신 진정성과 편안함으로 관객을 몰입하게 만든다. 영화를 이렇게 생산자 입장이 아닌 소비자 시각에서 만들어내는 것은 영화마케팅을 했던 경험에서 얻은 노하우일 것이다.

"별은 말이지… 혼자 빛나는 별은 거의 없어.
다 빛을 받아서 반사하는 거야."
- 영화 〈라디오 스타〉 중에서

공간은 우리의 가슴속에
오랫동안 남아 있다.

HALL OF FAME

HALL OF FAME : 영화의 전당으로 관객이 뽑은 명예 박사 속에서 함께 걸어온 피카디리의 발자취를 기억의 장으로, 피카디리에 담긴 작품 및 배우들을 기념하는 공간이다.

이 프레임에서는, 영화를 사랑하는 관객과 영화 관계자들이 뽑은 1980년대부터 2010년대까지의 시대별 대표 작품 및 배우를 만나볼 수 있다. 이처럼 프레임에 담겨있는 대표 작품 프로필 및 배우의 기억하고 싶은 명대사와 관객들의 기록 목소리가 고스란히 담겨있다.

HISTORY OF
CGV PICCADILLY 1958

'살아있네'

2010

2000

한효주